杂图记趣

张家荣／著

文心藏趣丛书

百花文艺出版社
BAIHUA LITERATURE AND ART PUBLISHING HOUSE

图书在版编目（CIP）数据

杂图记趣 / 张家荣著. -- 天津 ：百花文艺出版社，2012

ISBN 978-7-5306-6112-3

Ⅰ. ①杂… Ⅱ. ①张… Ⅲ. ①收藏－基本知识－中国 Ⅳ. ①G894

中国版本图书馆CIP数据核字(2012)第080624号

百花文艺出版社出版发行

地址:天津市和平区西康路35号

邮编:300051

e－mail:bhpubl@public.tpt.tj.cn

http://www.bhpubl.com.cn

发行部电话:(022)23332651　邮购部电话:(022)23332478

全国新华书店经销

淄博方正印务有限公司　印刷

*

开本 880×1230毫米　1/32　印张7.875

2012年6月第1版　　2012年6月第1次印刷

定价:32.00元

目录

《耕织图》的尴尬

近日看杂书，又有人讲到《耕织图》，闭上眼睛一想，几年来购买的图书中，关于《耕织图》的内容好像还不少，于是动手翻动杂乱堆放的书册，翻看电脑里曾经拍摄过的图片，归拢归拢，居然也有十来种。

我们为了生存，吃饭穿衣是最基本的要求。为了这个基本的要求，我们努力了几千年，现在仍然在努力，恐怕还需要更长时间的努力。我们用图画方式来记录我们的生存以及追求也由来已久，一定比文字早，岩画的不少图片就反映这个内容。至于正式的带有耕织趣味的图画，战国时代的青铜器上就有了，出土于四川成都的“宴乐射猎采桑纹铜壶”上的《采桑图》就是。汉代就更多了，主要是在画像石或画像砖上，比如陕西绥德的画像石《牛耕图》，比如四川新都画像砖《舂米图》，都是生动有趣的耕织纪录。其他时代也不少。但这些都是零星的。较早且成系统的《耕织图》，还是到了宋代才出现，这就是南宋浙江鄞县人楼璹所作的《耕织图》。此后，各种版本的《耕织图》广为流传。当然，我收集的这些图片都源于新出版的书刊，至于旧时的原版刻本或者绘本，哪能是我能见到的。另一方面，这些图片内容也不全归于《耕织图》名下，比如《天工开物》、比如《钦定授衣广训》等，它们也有“耕织”的内容，甚至比《耕织图》更具体，更生动，更与耕田织布有关系，因此这里也就把它们并入其中。

但稍微细看，这些《耕织图》却存在令人尴尬的情形。

县令的民本：宋绘本《蚕织图》及其他

宋绘本《蚕织图》共有二十四个图景，长卷，宋代的宫廷画作，据称是摹画于当时楼璹的《耕织图》。这个绘本自宋以来一直深藏宫中，民国时期失踪，1983 年又在大庆市发现，现藏于黑龙江省博物馆。

楼璹（1109-1162 年），字寿玉，又字国器，号仰啸。他以父荫而得官（其父楼异官至平江知府），初在婺州（今金华）任职，后升任于潜县县令。据说当时的州县官员多不知赋税细节，各户数额均由吏曹决定，而楼璹却能做到根据各户实际情况决定赋税数额，并张榜公布，可说是政务公开，任务完成得好，所以升官也算是应该的。

楼璹到于潜县后，安静下来，把江南地区种植水稻、养蚕、织绸的过程，绘成四十五幅图画，并将每幅图画用一首五言律诗来解释。想象一下，这应当是农耕时代最漂亮最有价值的一本图文书了。

楼璹的这一做法，被朝廷巡行的官员知道后报告给宋高宗。宋高宗召见了他。皇帝召见一个县官，这很不容易，他也借此将《耕织图》呈上。高宗看后很赞赏，并宣示给后宫里的人传看。据称吴皇后对《耕织图》也非常欣赏，让画师临摹了二十四幅《织图》，改名为《蚕织图》，又在图中作了题注，这就是我们现在所能见到的样子。而楼璹也因进呈《耕织图》而升任邵州通判，后又历任福建市舶使、扬州兼淮东安抚使等职。

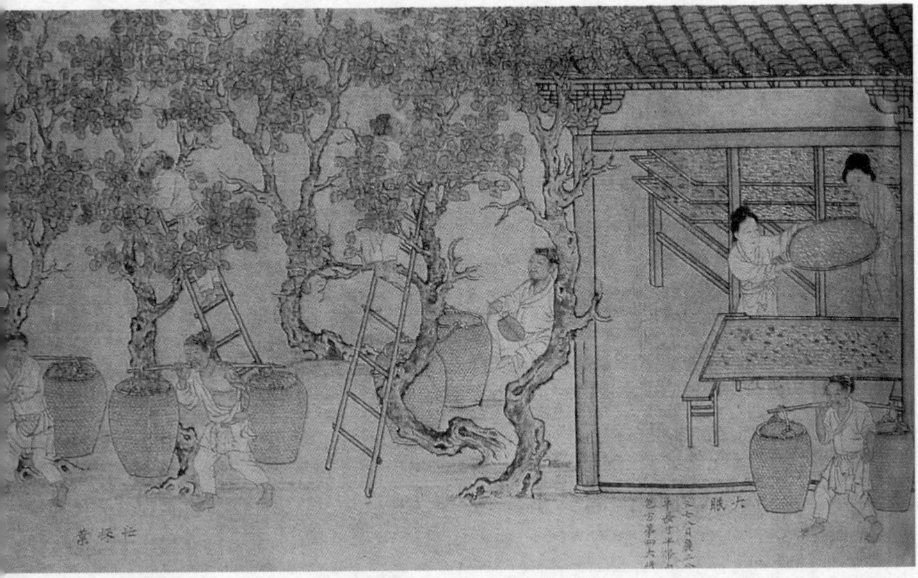

宋代《蚕织图》，大眠、忙采叶

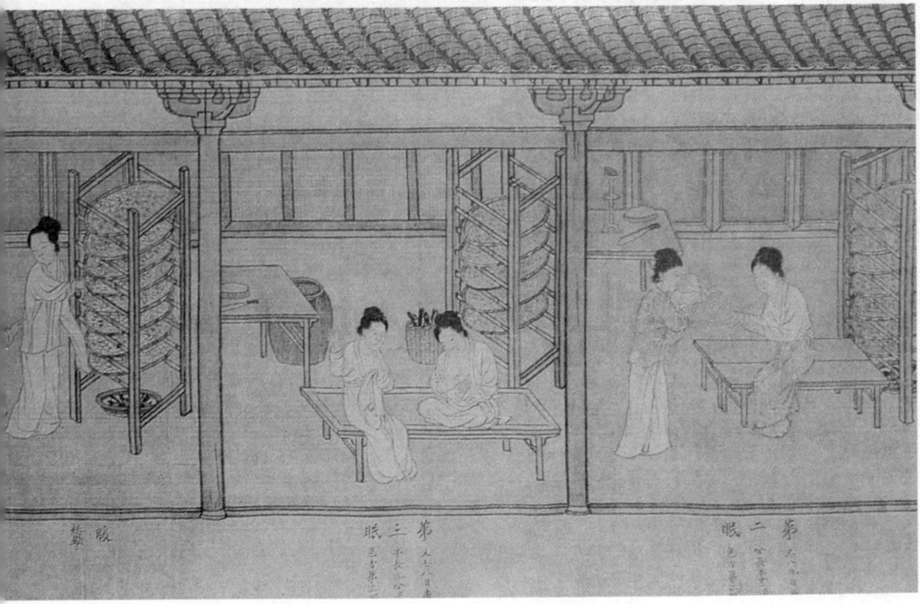

宋代《蚕织图》，第二眠、第三眠、暖蚕

楼璹的《耕织图》分“耕”、“织”两部分。耕图自浸种到入仓，共二十一图，织图自浴蚕以至剪帛，共二十四图。

楼璹进呈的《耕织图》不久即被刻印流传，初刻本时间是宋嘉定三年（1210年），但今天已没人看到这个版本。

楼氏的《耕织图》虽然不能见到，但其配诗却流传了下来。读一读，除了写出了农耕生活的各种场景外，还记录了一些情趣。我个人看法，这一批田园诗差点就赶上范成大的《四时田园杂兴》了。摘录几首：

浸种

溪头夜雨足，门外春水生。
筠篮侵浅碧，嘉谷抽新萌。
西畴将有事，耒耜随风兴。
只鸡祭句芒，再拜祈秋成。

插秧

晨雨麦秋润，午风槐夏凉。
溪南与溪北，啸歌插新秧。
抛掷不停手，左右无乱行。
我将教秧马，代劳民莫忘。

入仓

天寒牛在牢，岁暮粟入庾。
田父有余乐，炙背卧檐庑。
却愁催赋租，胥吏来旁午。
输官王事了，索饭儿叫怒！

还有《采桑》：

吴儿歌采桑，桑下青春深。
邻里讲欢好，逊畔无欺侵。

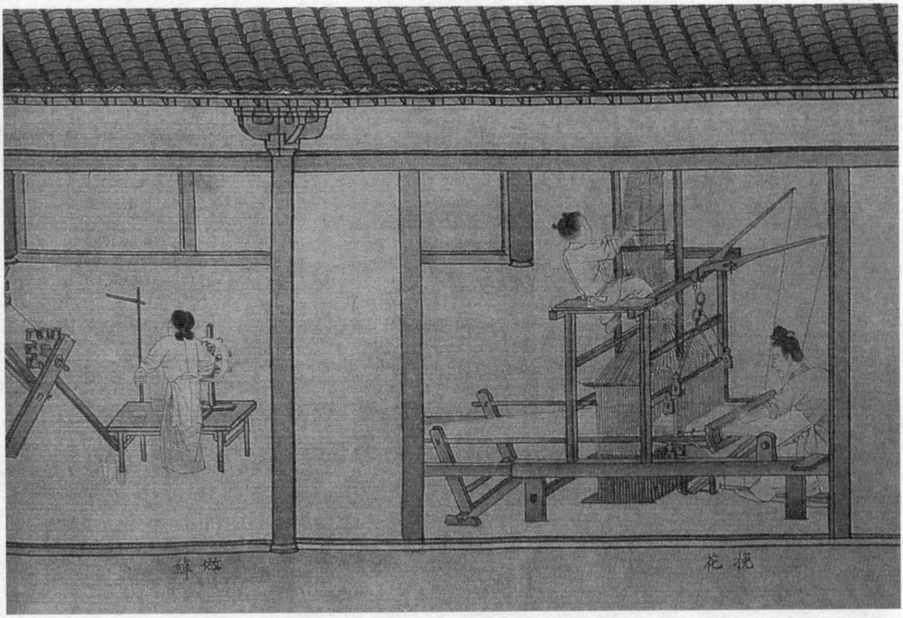

宋代《蚕织图》，挽花、做纬

宋代《蚕织图》，下机、入箱

筠篮各自携，筠梯高倍寻。

黄鹂饱紫葚，哑屹鸣绿荫。

织

青灯映帏幙，络纬鸣井栏。

轧轧挥素手，风露凄已寒。

辛勤度几梭，始复成一端。

寄言罗绮伴，当念麻苧单。

楼璹也是个有意思的人物，虽然官职并不高，但他的一些做法却也算是具有“民本”意识，要不然也不会绘制《耕织图》，也不会写“却愁催赋租，胥吏来旁午”，“寄言罗绮伴，当念麻苧单”这样的诗句来。

曲折的传承：明天顺六年刻本《耕织图》

宋以后，元代也有《耕织图》。顾音海先生在《版画》（上海书店出版社 2003 年 8 月版）一书中称：“元代有程棨的摹绘本，为水墨设色纸本卷轴。此卷乾隆年间由蒋溥进呈，起先误作刘松年的《蚕织图》，后经乾隆帝考证，认定确系程摹本，存放圆明园贵织山堂。1860 年，英法联军侵占圆明园时掠去，今藏美国华盛顿弗利尔美术馆。当初乾隆帝曾命人依图刻石，入民国后，这部分劫后余存的刻石一度归总统徐世昌私人所有。在 1960 年拆除原徐氏私家花园时归中国历史博物馆收藏，共计二十三图，实际上有的图已难以辨认。”

由此我们知道，元代《蚕织图》的摹本我们已不易看到了。

顾先生接着说：“明代有一个刻本，是明英宗天顺六年（1462 年）的版本，惜已亡佚。此外，日本人狩野永纳在延定四年（1676 年）曾翻

明天顺《耕织图》，浸种

刻过一个版本，现被奉为秘藏珍本。”

但事实却似乎并不是这样。1999年9月，江苏美术出版社出版了周芜、周路、周亮编著的《日本藏中国古版画珍品》，里面就收录了几幅被普遍认为失传的明英宗天顺六年《耕织图》。书中这几幅图的说明文字是："图出《耕织图》，不分卷，宋楼璹撰，南宋版，明天顺六年(1462年)复制。公文书馆藏书。此本罕见。耕二十一图、织二十五图，共四十六图，双面。框高22.6厘米，宽16.5厘米。"

查周芜先生1986年4月23日《四访内阁文库》第65条，则记为："《耕织图》不分卷，二册，南宋版。有延宝间四跋，或为日本翻刻本。据此可知宋楼璹版《耕织图》大体格局。上册为耕图二十一幅，双面；下册为织图二十五幅，双面。"由这个记录可以看出，周芜先生最

明天顺《耕织图》，剪帛（局部）

初也没有轻易断定是“南宋版”还是“日本翻刻版”，访书后才可能查证为明天顺六年的复制版。

周芜，别名白沙，安徽巢县人，1939 年毕业于师范学校，曾在陕北公学、延安鲁迅艺术学院、陇东抗大七分校学习，1949 年后分别任教于安徽大学、安徽师范大学、安徽教育学院，教授，出版有《中国版画史图录》、《中国现代版画与民间年画》等。

周芜先生为研究中国古代的版画颇受了一些波折。他在 1986 年就写成的《日本藏中国古版画珍品》序中说：“五十年代末，我专心从事于中国古代版画（书籍插图）的调查研究，近三十年来奔走于全国各大图书馆、博物馆，费尽周折，积累了一大批资料，取得了不少成果，但要继续深入调查、整理、研究、出版这些民族文化遗产，仍困难重重……近年来，虽社会稳定，形势大好，实行开放政策，可藏书单位

明天顺《耕织图》，插秧

却仍处于封闭状态。看书难,拍摄复印资料更难。传闻,日本文化机构收藏中国古代版画甚多,而且对外开放……”当周芜先生到日本访问交流时,他真正体会到了不同:“日本公、私立图书馆、博物馆等藏书单位,对外一律开放,藏书者和单位以招徕国内外学者看书、复制并利用他们资料为荣。复制资料也极为方便、快速,随调随取,按需复印(或拍摄),这在国内是不可想象的。我们的文博图书部门至今仍有许多持封闭政策,自己没有力量研究出成果,也拒他人于门外,不加利用。在目前研究人员不多、经费短缺的情况下,不能再作茧自缚。”

另外两位编者周路、周亮(周芜的两位公子)在后记中说:“依靠个人的力量、简陋的条件和微薄的工资,如果没有一种虔诚的敬业精神、一种坚强的意志信念,是做不到的……父亲的足迹遍布大半个中国,能见到的,能拍到的,有记录收集到的也不过如此了。此时,父亲将目光描向国外……一个月的访书经历另有记载,就这一个月中所收集的版图数量竟然相当于国内十余年的总和。这实在令他及全家激动。也许是太兴奋了,太冲动了,回国后父亲马不停蹄,日以继夜,伏案提笔精心编撰这部书稿,终于在一个夏日炎热的晚上突发脑溢血,猝然倒在案桌上,积多年的辛劳、疲惫,就此一病而再也没有起来。”

出版就更不容易了。“终于这部《日本藏中国古版画珍品》一千三百幅图及十万文字的书稿于 1987 年底如期交至北方一家出版社,记得当时得知这一消息时,父亲笑了,他的一块石头落地了。然而笑得还是早了,没想到这部书稿竟和父亲一生的命运一样十分坎坷。1990 年 11 月,父亲终于补完了他一生所欠的睡眠时间,悄然离开了这个世界,而这时距书稿送交出版社已三年多……继续寻找出版单位,辗转数家后,最后终于得到了江苏美术出版社编辑的赏识,他们在出版

明天顺《耕织图》，耘

明天顺《耕织图》，砻

了家父的《金陵古版画》之后，又决定正式立项出版这部专著。”“这部《日本藏中国古版画珍品》书稿自脱稿交付出版社至今已有十二个年头，辗转了数家出版社，这书稿本身就是一部心酸史。“说到‘心酸’，编著者心酸只是个人的小事，这么多珍贵的祖国文化遗产流失海外，这可是民族的‘心酸’。”

到这里，我们只能向这些民间的文化研究者、整理者、传播者致敬了！

实用的调整：明万历二十一年刻本《便民图纂》

《便民图纂》的插图共三十一幅，耕图（农务图）十五幅，织图（女红图）十六幅。它们来源于1988年上海古籍出版社《中国古代版画丛刊》。这是一套什么样的书呢？出版“说明”称：“郑振铎先生主编的《中国古代版画丛刊》，自一九五七年至一九五九年间由古典文学出版社及中华书局上海编辑所先后出版，共五函十八种。这套丛书原计划初编三十六种，因郑先生出国途中飞机失事不幸遇难等原因，编印工作遂告中辍。现按原拟目录依次将已出版的十八种，加上本社已出版的宋本《新定三礼图》，并征得文物出版社同意，将其已出版的明本《顾氏图谱》一并收入，共计二十种，用十开本分四册印行。”

对于《便民图纂》，该丛刊有一篇上海古籍出版社的《后记》，阐述较详。关于主要内容，“《便民图纂》是由耕作、园艺、牧养等农业技术知识和医药上的民间验方两大部分组成的，此外还包含着饮食器用的常识和阴阳占卜等封建迷信的东西。总的来说，这是一部古代民间

洗笔　修破硯　洗硯
造印色　調硃點書　迻巡碑
去差寫字　造油紙　燒輕粉
乾蜜法　袪寒法　護足法
搜脚方　挹汗香　除頭虱
治壁虱　辟蟻　辟蠅
辟蚊蠅諸蟲　治菜生蟲　解魘魅
袪狐狸法

便民圖纂　目錄　十三

便民圖纂目錄終

題農務女紅之圖

宋樓璹舊製耕織圖大抵與吳俗少異其為詩又非愚夫愚婦之所易曉因更易數事系以吳歌其事既易知其言亦易入用勸於民則從厥攸好容有所感發而興起焉者人謂民性如水順而導之則可有功為吾民者顧知上意嚮而克於自效也歟

便民圖纂　卷之一　一

浸種

竹枝詞

三月清明浸種天去年包裹到今年日浸夜收常看管只等芽長撒下田

八九五

明《便民图纂》，浸种

八九六

明《便民图纂》，耕田、耖田、布种、下壅

日用手册之类的书籍。”

关于《便民图纂》的版本，“这部较有系统的书……根据我们所已掌握的资料，从成化、弘治到万历中期的一百一二十年间，这书就在苏州、云南、贵州、京师西北以及其他地区至少刻版了六次。”

关于《便民图纂》的刊刻者，“清初钱曾《读书敏求记》著录《便民图纂十六卷》一部，弘治十五年壬戌（1502 年）刻，谓不知何人所辑。《四库全书》著录嘉靖三十一年壬子（1552 年）贵州刻十六卷本，前有李涵序，说‘邝廷瑞始刻于吴中’。《千顷堂书目》农家类著录邝璠便民图纂十六卷。《同治苏州府志》名宦类有一条说：‘邝璠，字廷瑞，任邱人。进士。弘治七年知吴县，循良称最。’由此可知，钱曾所见的，即是邝璠的编刻本，但不能说是邝璠一手的著作。北京农业大学王毓瑚教授认为：‘大约此书是民间历来传录的本子，并非作于一时，显然也不是出于一人之手。’这种说法是可信的，而且我们最近也找到了佐证。上海图书馆藏有一部成化、弘治之间刻本的《便民纂》十四卷，不题辑者。核其内容，正是《便民图纂》的祖本。因为那个时候还没有插图，所以书名里就没有‘图’字……在邝璠手中形成的《便民图纂》，比它的祖本《便民纂》有一定的改进的地方，使它更为适合于民间日用之需。”

关于图片，“这里选择了郑振择先生遗藏的明万历二十一年癸巳（一五九三年）于永清刻本，因为这几乎是图文俱全的唯一传本。前面一卷《耕织图》，绘刻得十分精细生动。特别是这是一个塞上的刻本，在版画艺术史上应是一种珍异。”

应当说，这套《丛刊》印制是很不错的，但就《便民图纂》来说，一个十六开的页面容纳原著的四个原版页面，确实有点挤，而且也使人看不出“绘刻得十分精细生动”的丰韵。如果能像其他所编选的内容每一页都单独影印，效果也许会更好。

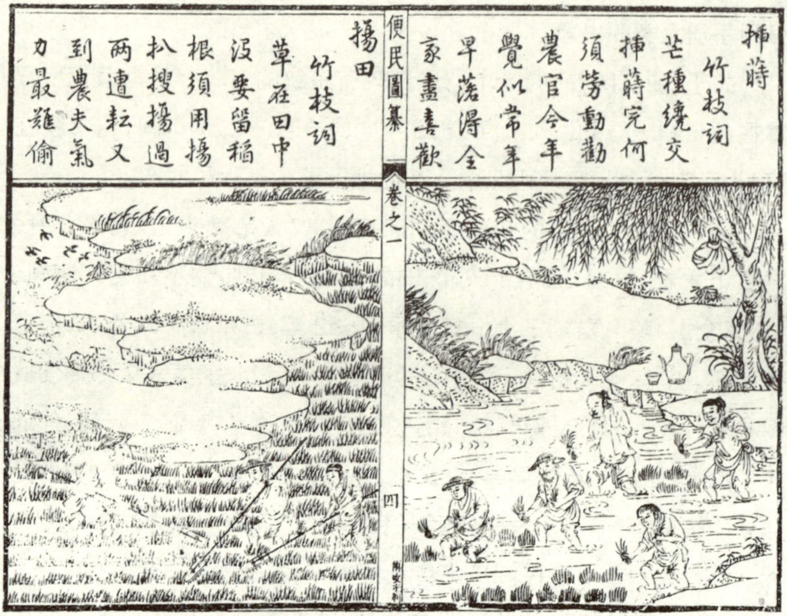

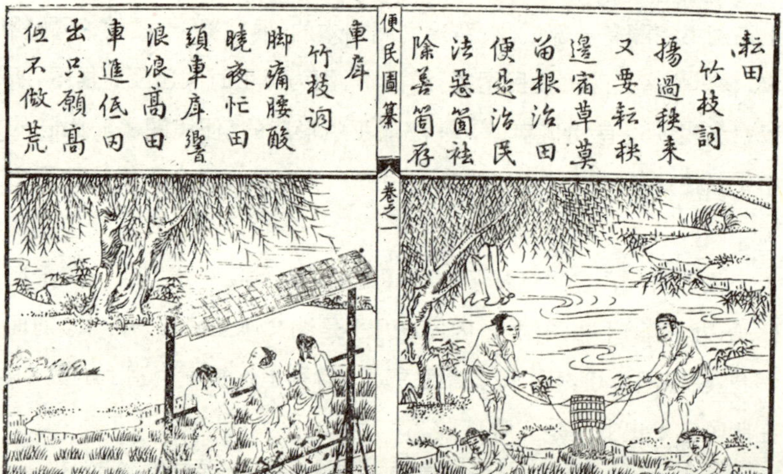

八九七

明《便民图纂》，插莳、耥田、耘田、车戽、

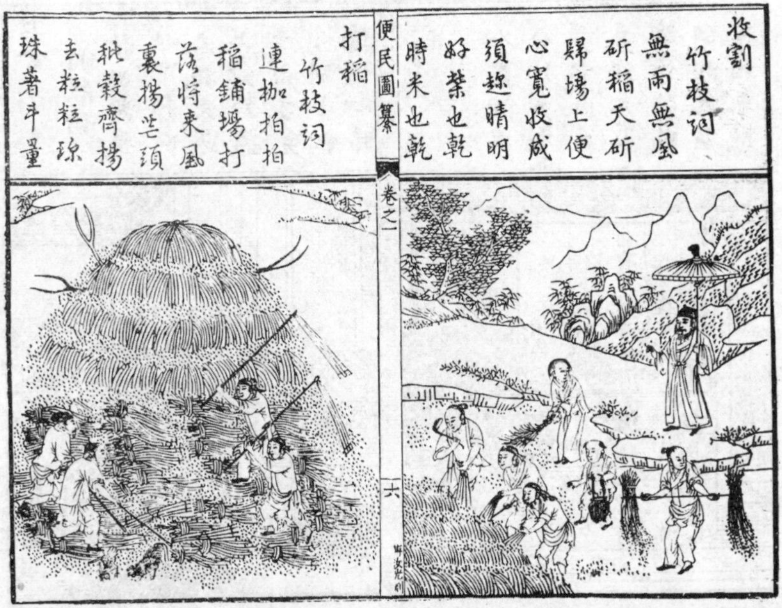

收割

竹枝詞

無雨無風
斫稻天斫
歸場上便
心寬收成
須趁晴明
好禁也乾
時来也乾

打稻

竹枝詞

連枷柏柏
稻鋪場打
落將來風
裏揚芒頭
秕穀齊揚
去粒粒琮
珠著斗量

便民圖纂　卷之一　六

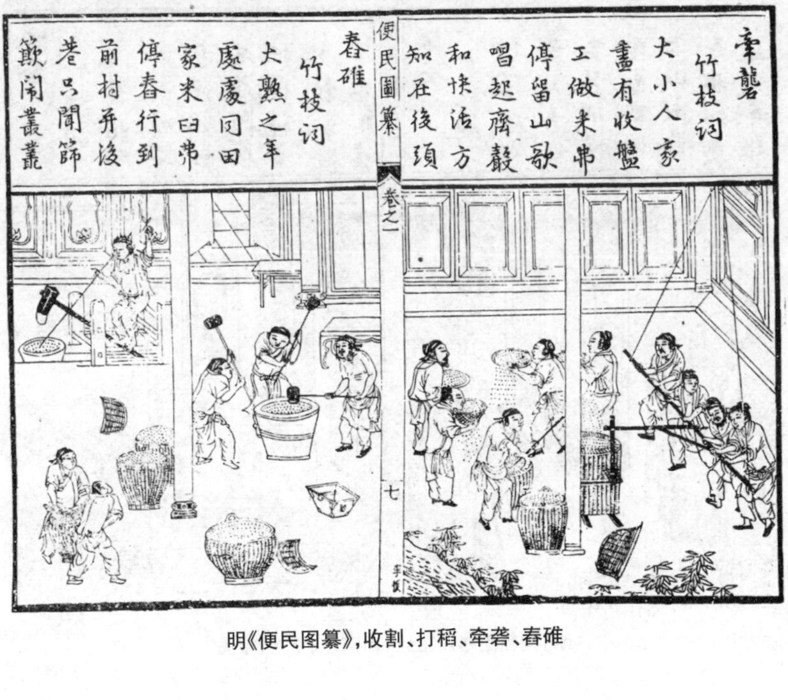

牽礱

竹枝詞

大小人家
盡有收盤
工做米弗
停留山歌
唱起齊聲
和快活方
知在後頭

舂碓

竹枝詞

大熟之年
處處同田
家米臼弗
停舂行到
前村并後
巷只聞篩
簸鬧叢叢

便民圖纂　卷之一　七

八九八

明《便民图纂》，收割、打稻、牵砻、舂碓

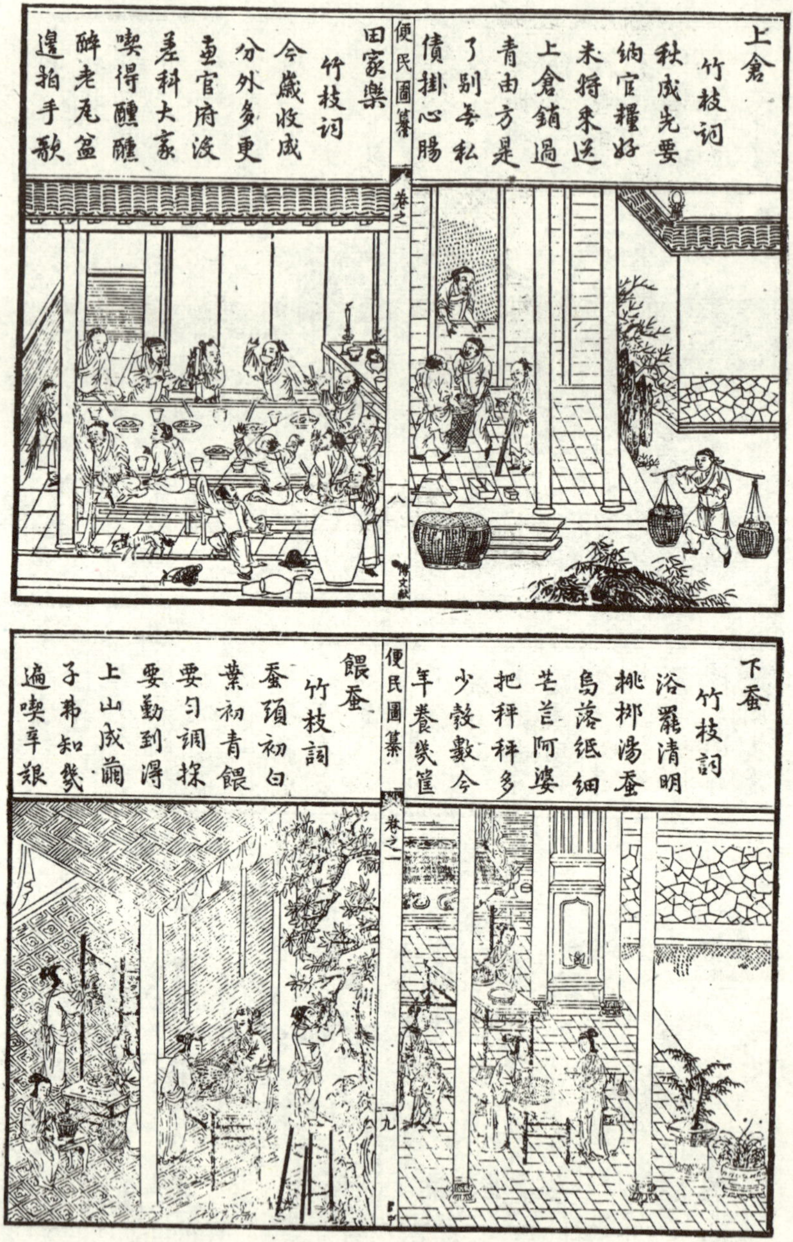

八九九

明《便民图纂》,上仓、田家乐、下蚕、喂蚕

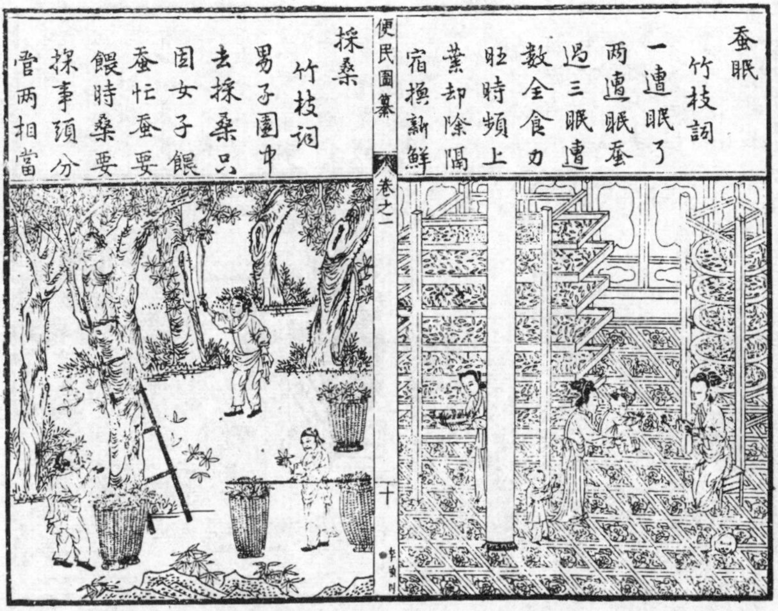

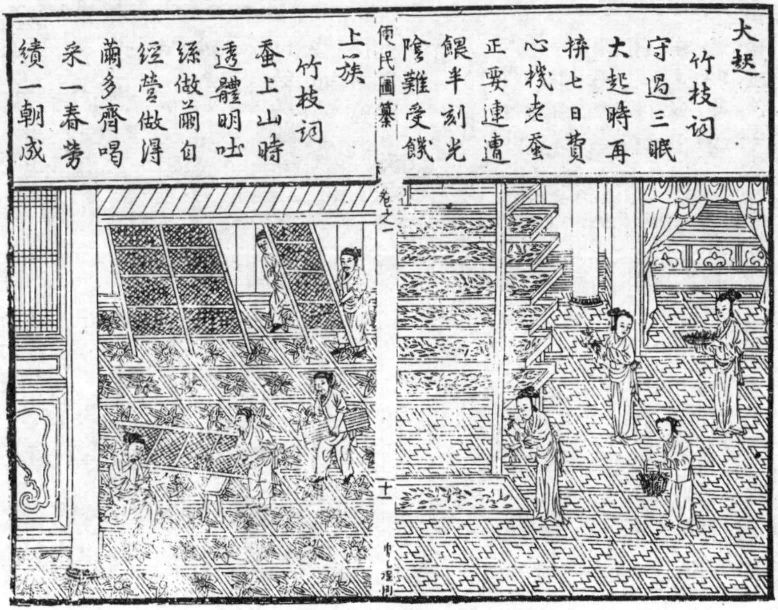

九〇〇

明《便民图纂》，蚕眠、采桑、大起、上簇

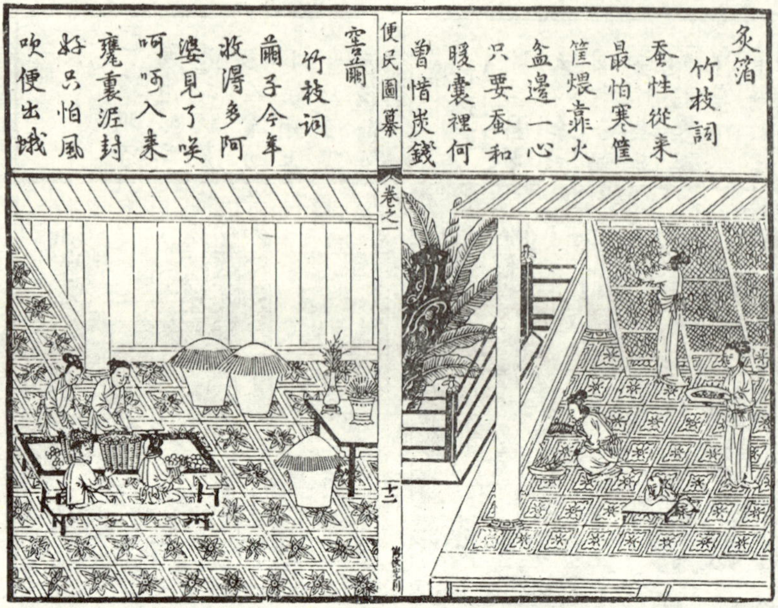

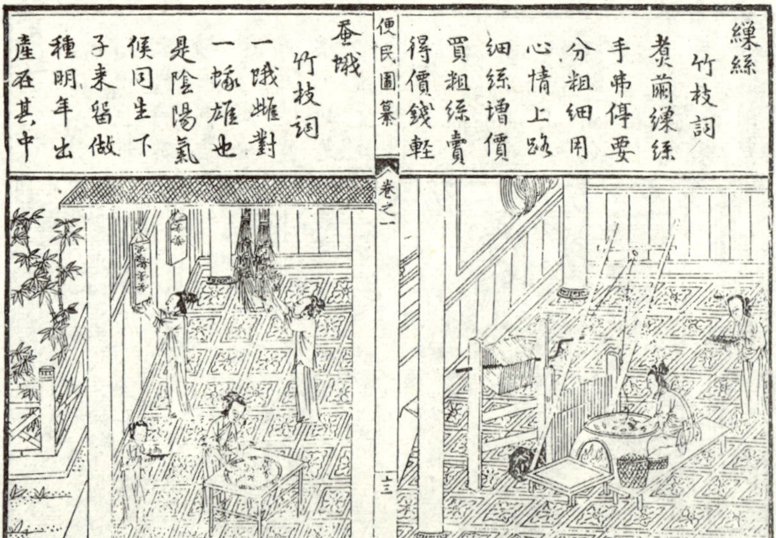

九〇一

明《便民图纂》，炙箔、窖茧、缫丝、蚕蛾

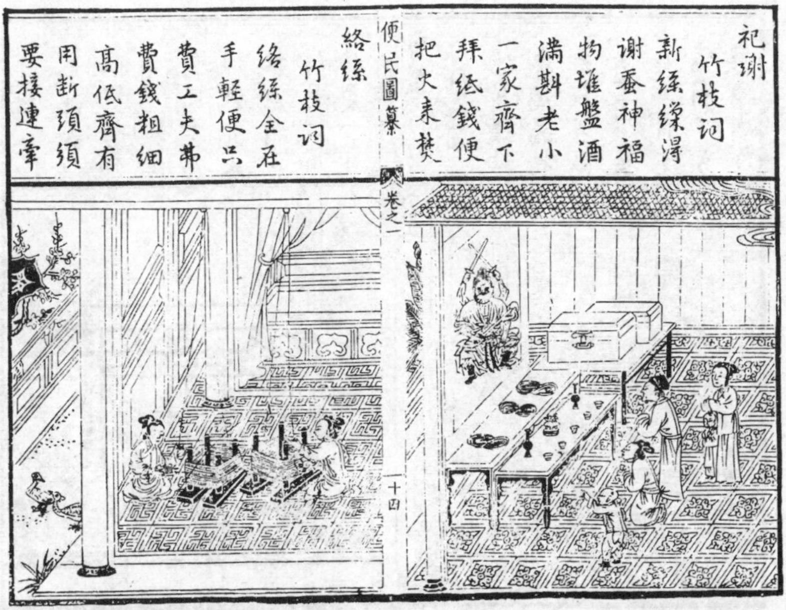

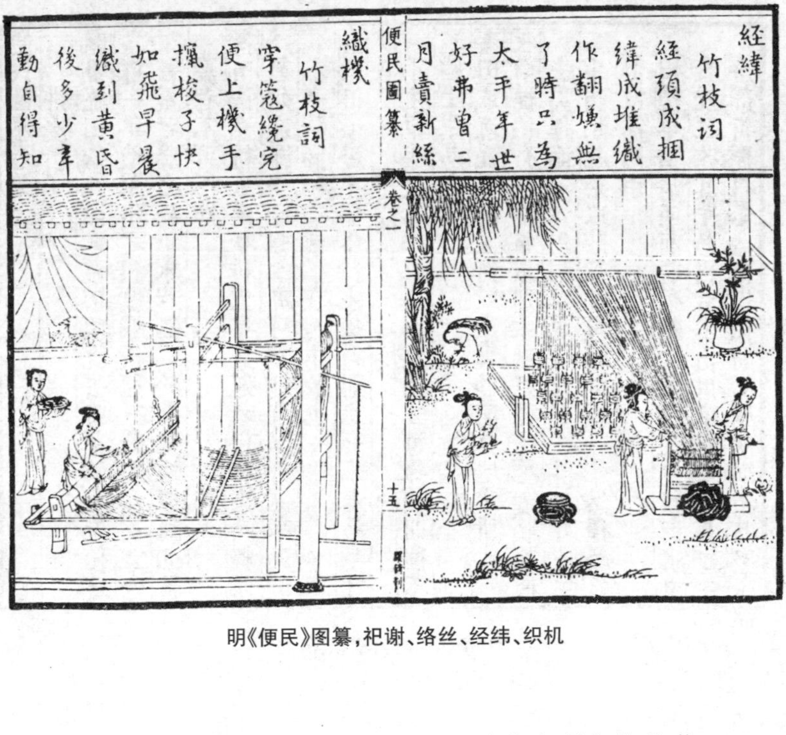

九〇二

明《便民》图纂，祀谢、络丝、经纬、织机

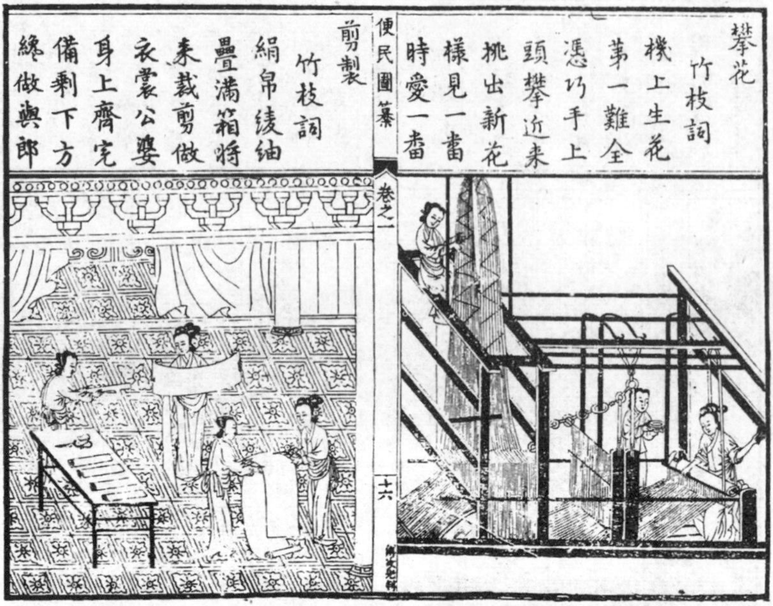

便民圖纂卷第二

耕穫類 麻屬附

開墾荒田法 凡開久荒田須燒去野草犂過先種芝麻一年使草木之根敗爛後種五穀則無荒草之害蓋芝麻之於草木若錫之於五金性相制也務農者不可不知

耕田法 春耕宜遲秋耕宜早宜遲者以春凍漸解地氣始通雖堅硬強土亦可犂鋤宜早者欲乘天氣未寒將陽和之氣掐在地中故也

治秧田 須殘年開墾待氷凍過則土酥來春易平且

不生草平後必晒乾入水澄清方可撒種則種不陷土中易出

壅田 或河泥或麻豆餅或灰糞各随其地土所宜

收稻種 稻有粳糯常歲別收選好穗純色者晒乾摔去莠稗篩簸淨用稻草包裹每包二斗五升或三斗高懸屋梁以防鼠耗每畝計穀一斗然種必多留以備闕用

浸稻種 早稻清明前晚稻穀雨前將種包投河水内晝浸夜收其芽易出若未出用草盦之芽長二三分許折開抖鬆撒田内撒時必晴明則苗易竪亦

九〇三

明《便民图纂》，攀花、剪制

文中还谈到,《耕织图》原来所系的诗,是文绉绉的,邝璠嫌它不能为大众所接受,就改写为吴语的竹枝词。这些竹枝词如何呢？我们摘录几首:

初秧

一年农事在春深,无限田家望岁心。

最爱清和天气好,绿畴千顷露秧针。

持穗

南亩秋来庆阜成,瞿瞿未释老农情。

霜天晓起呼邻里,遍听村村打稻声。

从实际情况看,确实浅显易懂。

但邝璠在前言《题农务女红之图》中说楼诗"非愚夫愚妇之所易晓",愚夫愚妇？这样的词句,使人很不舒服。

漂亮的摹仿:明仇英绘本《耕织图》及《宫织图》

仇英绘本《耕织图》难得一见。

仇英,字实父,也作实甫,号十洲,又号十洲仙史,太仓(今江苏太仓)人,移居吴县(今江苏苏州)。他出生于明弘治十一年左右(1498年),也有人认为是1509年,卒于明世宗嘉靖三十年(1552年)。他是明代有代表性的画家之一,与沈周,文徵明和唐寅被后世称为"明四家"或"吴门四家"。

仇英出身工匠,早年为漆工,也为人彩绘房宇,后来专门画画。年轻时以善画结识了不少名画家,文徵明和唐寅这样的人也看重他。因交游广,还与当时的鉴藏家项元汴、周六观结缘,见识并临摹了不少

仇英《耕织图》，
布种

仇英《耕织图》，
插秧

仇英《耕织图》，
耘田

仇英《耕织图》，
扬

仇英《耕织图》，砻

仇英《耕织图》，入仓

仇英《耕织图》，
浴蚕

仇英《耕织图》，
采桑

仇英《耕织图》，
择茧

仇英《耕织图》，
练丝

仇英《耕织图》，
络丝

仇英《耕织图》，
经

仇英《宫织图》之一

仇英《宫织图》之二

仇英《宫织图》之三

仇英《宫织图》之四

仇英《宫织图》之五

名作。他多专多能，人物、山水、花鸟、楼阁界画都不错，临摹功夫更高，仿画了很多唐宋名家稿本，据称其《临宋人画册》和《临萧照高宗中兴瑞应图》，与原作对照，几乎难辨真假。

总的来说，仇英作画态度是端正的，水平是很高的。

我所见到的仇英绘本《耕织图》及《宫织图》两种，一是天津人民美术出版社 2005 年出版的《台北故宫博物院藏册页精选》，十二开本，印制精美，里面选印了黄筌、徐崇嗣、钱选、戴进、仇英的册页各一种，其中仇英的即为《耕织图》。只可惜此《耕织图》没有更多的说明，连尺寸都没有标注，只有“臣张之洞恭敬”及“耕织图”字样。图为彩色本，共十二幅，其中耕图六幅，织图六幅，只是选取了其中的部分，而且没有标示诗句，看样子只是摹画而已。

另一种是《宫织图》，选自江苏美术出版社 1997 年出版的《仇英画集》，系该社《中国历代大师名作丛书》之一，十六开本，印制尚可，但所据图片不知翻拍于何处，显然有些粗陋。这本书是从旧书店购得，回想当时购下它，也只是因其是《耕织图》的一个版本吧。因没有更多的文字说明，也不知原图的具体情况，多长多宽，藏于何处？都没有。

仇英精于临摹，对宋画更是情有独钟，他的这两种“耕织图”就是明证。从欣赏的角度来看，确实使人赏心悦目，至于实际上的“耕织”

用途，则很难说了。

诚恳的民声：明崇祯十年（1637 年）刻本《天工开物》

《天工开物》是明代令人尊敬的科学家宋应星的著作。

宋应星（1587—？），字长庚，江西省奉新县宋埠乡人，明万历四十三年（1615 年）考取举人后多次进京会试，均没有成功。崇祯七年至十一年（1634—1638 年），他受任江西省分宜县县学教谕，教书之余，写了著名的《天工开物》。崇祯十一年（1638 年）他曾升任福建汀州府推官。崇祯十六年（1643 年）升任安徽亳州知州。明亡后退居家中，约于康熙三年（1664 年）前后病逝。

《天工开物》成书于 1637 年。作者在《自序》中说："年来著书一种，名曰《天工开物卷》。伤哉贫也！欲购奇考证，而乏洛下之资；欲招致同人，商略赝真，而缺陈思之馆。随其孤陋见闻，藏著方寸而写之，岂有当哉？"记述了他的写作条件很差，连参考书都很少，是业余写作，不像专业作家有工资。有心人统计说，《天工开物》引书仅二十余种，七十余次（包括未注明出处者）。书中的基本材料，是作者广泛调查研究的心得。我认为这样正好，多了调查研究和感性认识，少了不重实际的恶俗，读起来也很通畅。有意思的是，里面的很多内容都还在我的故乡云南真实地存在着，他日有空，作个"实注"。

我们所看到的《天工开物》六万多字，插图一百二十三幅，共分十八卷，涉及内容广泛，对中国明代以前几千年间积累起来的农业和手工业生产的技术经验，作了较全面而系统的总结，构成了一个科学技术体系。

明崇祯《天工开物》，耕

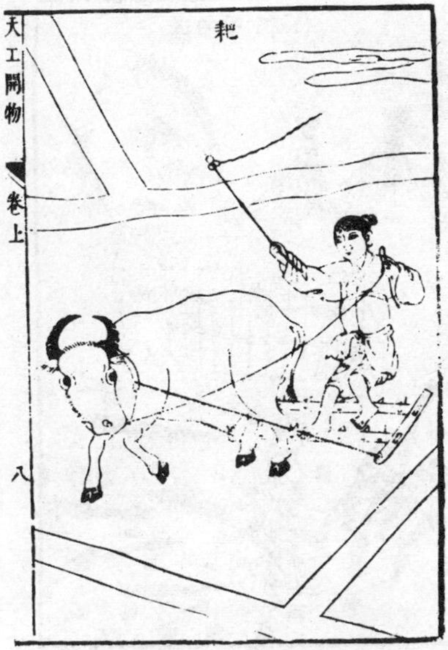

明崇祯《天工开物》，耙

明崇祯《天工开物》，耘

明崇祯《天工开物》，耔

明崇祯《天工开物》,湿田击稻

明崇祯《天工开物》,场稻

明崇祯《天工开物》,风扇车

明崇祯《天工开物》,舂

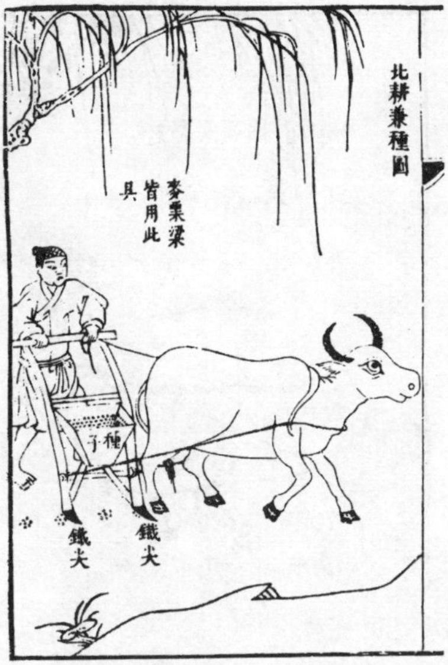

明崇祯《天工开物》，北耕兼种图

明崇祯《天工开物》，北盖种图

明崇祯《天工开物》，南种牟麦图

明崇祯《天工开物》，耨

明崇祯《天工开物》，打枷图

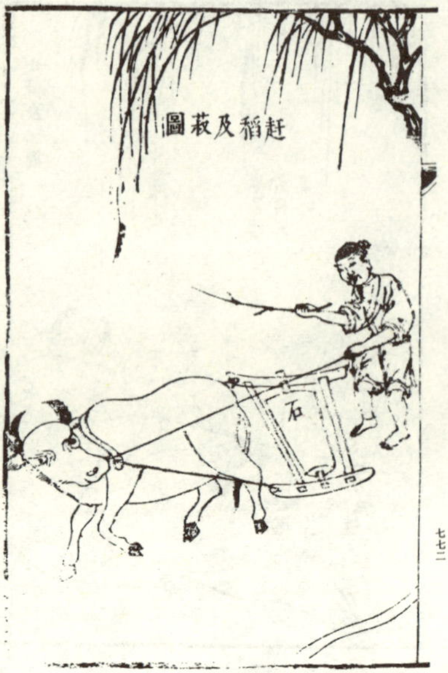

七七二

明崇祯《天工开物》，赶稻及菽图

明崇祯《天工开物》，木砻

七六六

明崇祯《天工开物》，土砻

明崇祯《天工开物》,牛碾

明崇祯《天工开物》,小碾图

明崇祯《天工开物》,罗面

明崇祯《天工开物》,山箔图

明崇祯《天工开物》,治丝图

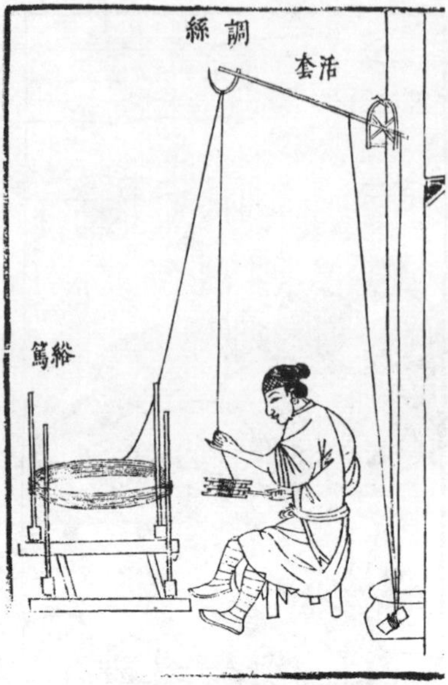

明崇祯《天工开物》,调丝

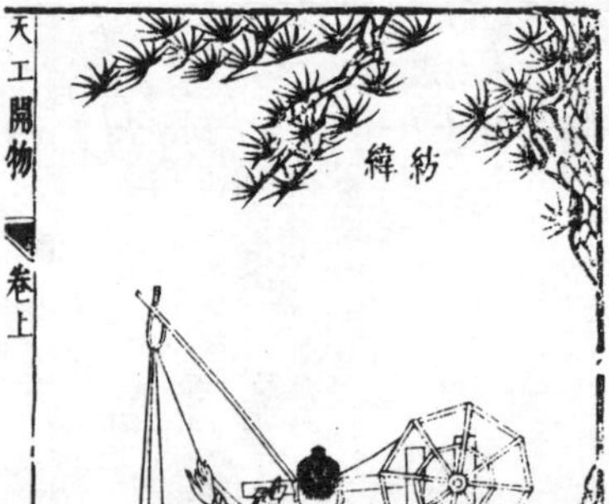

明崇祯《天工开物》,纺纬

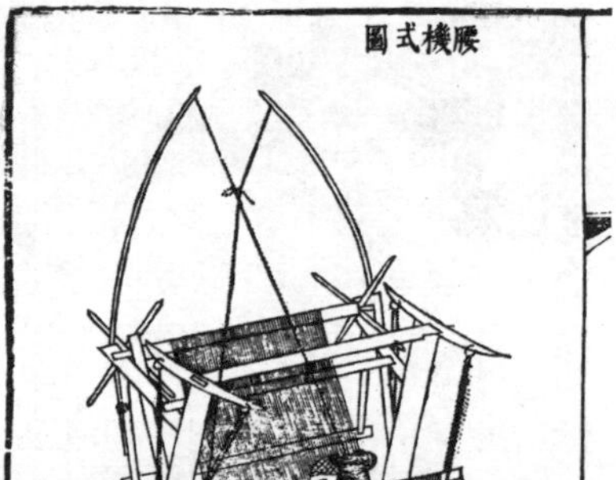

明崇祯《天工开物》,腰机式图

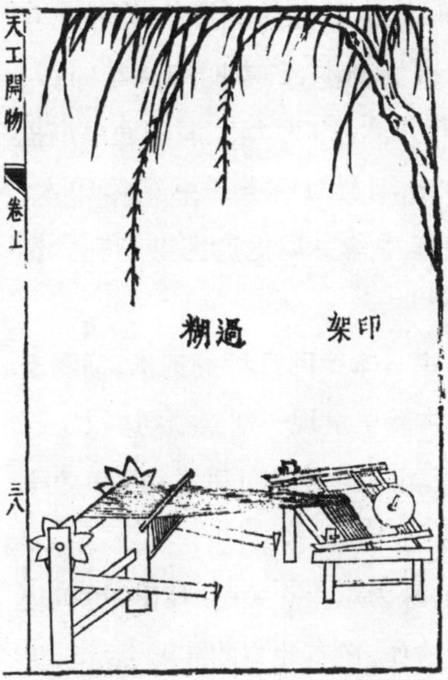

明崇祯《天工开物》印架、过糊

明崇祯《天工开物》，赶棉

明崇祯《天工开物》，弹棉

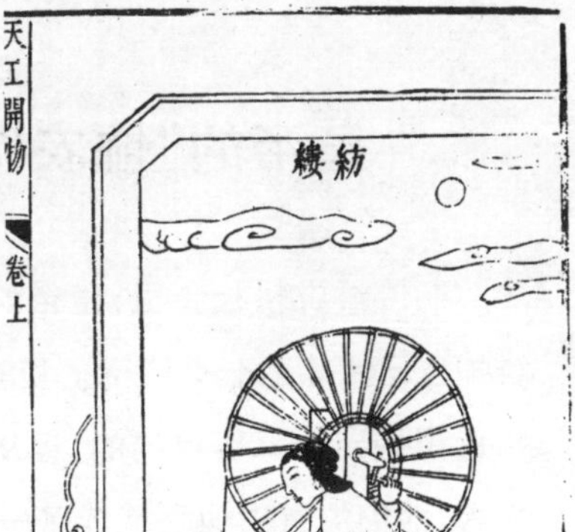

明崇祯《天工开物》，纺缕

《天工开物》的版本，据有心人统计，大致有如下几种：崇祯十年（1637 年）涂绍奎初刊本，清初杨素卿坊刻本，日本明和八年（1771 年）营生堂刻本，1929 年武进陶湘石印本，1930 年上海华通书局据日本明和八年营生堂本影印本，1936 年上海商务印书馆铅印本，1936 年上海世界书局铅印本，1959 年中华书局据涂绍奎初刊本影印本等。

《天工开物》曾一度在国内失传，由日本传回几种翻刻本，插图走样不少，后在宁波李氏墨海楼捐献的古籍里发现一部崇祯初刻本。这里摘录的图片，即为崇祯十年（1637 年）涂绍奎初刊本，也来源于 1988 年上海古籍出版社《中国古代版画丛刊》。

《天工开物》中的图片，描绘准确，殊为难得。关于"耕图"也有较宽泛的界限，不仅仅限于南方的水稻耕作，还有北方的高粱、豆类，更为全面。"织图"也不仅限于丝绸，还有棉，还有麻，等等。

皇帝的"恤农"：清康熙《耕织图》

在传统农耕社会里，皇帝们重农抑商，控制人员流动，目的是想维护自己家族的长久统治。应当说，在这样的背景下，历代皇帝的重农意识是出于真实目的的，但从他们所推崇或颁布流传的《耕织图》来看，他们的重农似乎就成了一种"幌子"，或者是一件小小的形象工程。

当楼璹将《耕织图》呈给南宋皇帝时，我们可以想见皇帝确实很高兴，因为这符合了皇帝"重农恤民"的需要，摹绘，收藏，并令人将其刻印出来广为流传，其本质正是一件具有象征意义的形象工程。此后，历代皇帝都对《耕织图》表现出应有的重视。我们提到，元朝有摹绘本传世，元朝统治者从草原来，我们也有理由推测他们为了更好地统治中华版图而重农恤民，推广《耕织图》也只是其中小小的工作之一。明代有英宗天顺六年（1462 年）的刻本传世，还有著名画家仇英的绘本传世，这也可以推测《耕织图》在明代流传广泛。

把《耕织图》重农恤民形象工程做到极致的，当然要数清代了，尤其是在康雍乾三代。三代皇帝中，又以康熙皇帝做得最为不一样，他行亲耕礼、种试验田、亲自主持制作《耕织图》，等等，都是别的皇帝做不到的。

比如行亲耕礼祭祀先农。这种礼仪，是表示对农业的敬重，历史上早已有了，《礼记》中就记载，天子三推、三公五推、卿诸侯九推，就是耕地的时候，天子扶犁走三个来回，三公扶着犁走五个来回，公卿扶着犁走九个来回。但真正去做的皇帝极少，而清代的康熙皇帝行亲耕礼却很认真，地点在先农坛，先农坛有一亩三分地（这个民间谚语就是从这里来的）。康熙第一次行亲耕礼是在康熙十一年，这一年他十八岁，二月二十日，完整的一天。早上，康熙到先农坛，祭先农，换了衣服行亲耕礼，扶着早已准备好的耒耜（犁），扬着鞭子，在官员们的护侍下开始耕种。耕三趟，然后到观耕台观耕，由定下的三个亲王“五推”，然后是六部尚书加三卿九个人“九推”，结束了，再举行一些仪式回皇宫。他亲自做的就这一次，还有五十多次是派官员去做的。

康熙还种试验田。试验田在西苑，现在的中南海，里面有十亩一分地，种了几十种庄稼，据说还有水稻，他取了个名叫“御稻米”。康熙是真会耕田，他出去巡查，在今河北博野，他还帮农民耕了一回地，观者万人。

就《耕织图》来说，康熙也做到了亲自主持绘制。康熙二十八年（1689 年），他南巡时，有人进献藏书，其中就有《耕织图》。他随即下

康熙《耕织图》之一，浸种

康熙《耕织图》之二，耕

康熙《耕织图》之三，耙耨

康熙《耕织图》之四，耖

康熙《耕织图》之五，碌碡

康熙《耕织图》之六，布秧

康熙《耕织图》之七，初秧

康熙《耕织图》之八，淤荫

康熙《耕织图》之九，拔秧

康熙《耕织图》之十，插秧

康熙《耕织图》之十一，一耘

康熙《耕织图》之十二，二耘

康熙《耕织图》之十三，三耘

康熙《耕织图》之十四，灌溉

康熙《耕织图》之十五，收刈

康熙《耕织图》之十六，登场

康熙《耕织图》之十七，持穗

康熙《耕织图》之十八，舂碓

康熙《耕织图》之十九，筛

康熙《耕织图》之二十，簸扬

康熙《耕织图》之二十一，砻

康熙《耕织图》之二十二，入仓

康熙《耕织图》之二十三，祭神

康熙《耕织图》之二十四，浴蚕

康熙《耕织图》之二十五，二眠

康熙《耕织图》之二十六，三眠

康熙《耕织图》之二十七，大起

康熙《耕织图》之二十八，捉绩

康熙《耕织图》之二十九，分箔

康熙《耕织图》之三十，采桑

康熙《耕织图》之三十一，上簇

康熙《耕织图》之三十二，炙箔

康熙《耕织图》之三十三，下簇

康熙《耕织图》之三十四，择茧

康熙《耕织图》之三十五，窖茧

康熙《耕织图》之三十六，练丝

康熙《耕织图》之三十七，蚕蛾

康熙《耕织图》之三十八，祀谢

康熙《耕织图》之三十九，纬

康熙《耕织图》之四十，织

康熙《耕织图》之四十一，络丝

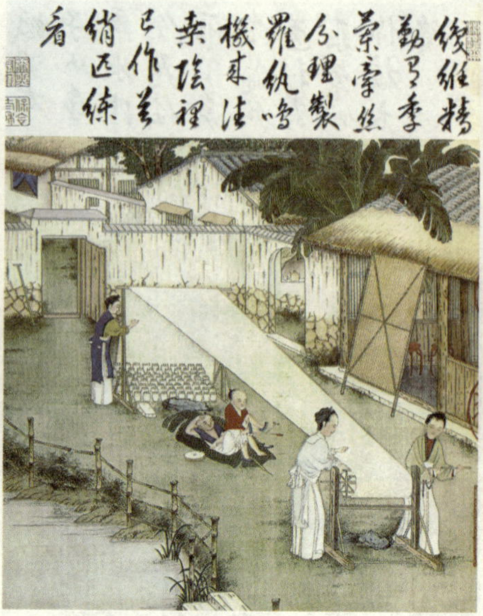

康熙《耕织图》之四十二，经

康熙《耕织图》之四十三，染色

康熙《耕织图》之四十四，攀花

康熙《耕织图》之四十五，剪帛

康熙《耕织图》之四十六，成衣

令焦秉贞根据原意另绘耕图、织图各二十三幅，并附有他本人的七言绝句及序文。查看比对，绘画内容略有变动，耕图增加“初秧”、“祭神”二图，织图删去“下蚕”、“喂蚕”、“一眠”三图，增加“染色”、“成衣”二图，图序亦有变换。这个绘本《耕织图》工细雅丽，还用了西洋焦点透视法。康熙三十五年（1696年），康熙版《耕织图》初刻刊印。

我收集到的，是2006年天津人民美术出版社出版的一册《康熙御制耕织图》，八开，个人观感，这套图很漂亮，毕竟是皇帝的要求。只是康熙家族从北方征战而来，他虽然重农，但对以江南农耕为基础的《耕织图》能了解多少？

雍正也很重视《耕织图》。传说他将自己“化成”一老农，让画家画在《耕织图》里。我没见过雍正《耕织图》版本，但前不久看到一则广告：

《雍正耕织图》是雍正登基以前以康熙年间刻版印制的《耕织图》

为蓝本，由清宫廷画师精心绘制而成，共有图四十六幅，其中耕图织图各二十三幅，每幅画上都有雍正的亲笔题诗，并盖有“雍亲王宝”和“破尘居士”两方印章。画册用笔精到、设色典雅，人物形象生动、传神，描绘了劳动者辛勤耕作的场景。雍正在《耕织图》中的亲笔题诗，把意境深远的五言律诗和文雅遒劲的书法相结合，诗、书、画达到完美的统一，堪称珠联璧合的宫廷艺术瑰宝。该图册深藏故宫紫禁城武英殿，近三百年从未公开展示。

北京故宫博物院首次将《雍正耕织图》进行高仿制作，这是北京故宫博物院近年来推出的第一件重量级作品，也是到目前为止推出的第一个完全以农业生产为主题的高仿之作，被誉为北京故宫博物院“天下第一仿”。

为了达到与原物一致的绘制韵味和工艺制作水平，故宫博物院特聘顶级艺术大师，参法了宫御藏原件的装帧方式，采用珂罗版精密仿真技术，加之传统手工的精心装裱，历经反复实验，花费一年多时间，才成功复制出一册《雍正耕织图》。画册集绘画、书法、诗词、丝织为一体。每幅图单个看独立成章，全部展开又是一幅连贯的桃花源式的田园绘画长卷，每幅图纵 38.9 厘米，横 30 厘米，展开总长约 18 米。封面封底及外盒包装均为楠木，凸显出古色古香的传统魅力和尊贵高雅的文化品位。

两万多元一册的《雍正耕织图》，我们是无缘得见了。

清代还有很多《耕织图》版本，木刻本、绘本、石刻本、墨本、石印本等。如康熙年间的康熙三十八年（1699 年）张鹏翮刻本，康熙五十一年（1712 年）内府刻本，宫廷绘白描本等；乾隆年间的康熙、雍正、乾隆三帝题诗刊本，清内府刻《授时通考》本，袖珍彩绘本，乾隆四年（1739 年）清内府图为木刻、诗为石刻的经折装本，乾隆三十四年（1769 年）北京刻朱墨套印本，杨大章彩绘本，石刻嵌在皇家清漪园延赏斋左右廊壁的拓本，乾隆三十五年（1770年）徽州守臣摹刻的墨版等等。此外，还有嘉庆十三年（1808年）《耕织图诗》补刊本，同治十一年（1872年）刊本，光绪五年（1879年）上海点石斋《御制耕织图》石印本，光绪十一年（1885年）上海文瑞楼本，光绪十二年（1886年）上海点石斋石印本。

清代《耕织图》不仅版本众多，而且版式也不尽相同，如上文下图本、左图右文本、版框带有龙纹的装饰本、袖珍刻本、木刻填色本等。

务实的棉花：清嘉庆十三年（1808年）刻本《钦定授衣广训》

《钦定授衣广训》也来源于《中国古代版画丛刊》，其后记称："这是一八零八年即清嘉庆十三年内廷出版的《棉花图》，又名《授衣广训》。上卷收布种、灌溉、耘畦、摘尖、采棉、收贩、轧核等八图，下卷收弹花、拘节、纺线、挽经、布浆、上机、织布、练染等八图。每图有方观承说明，和清帝弘历、于琰、方观承三人题诗，把棉花从播种耘畦到织成布匹整套工序绘图说明，是一部植棉学专业用书。"

关于图片的质量，"康熙以后徽派版画走向衰落，京派版画亦渐趋不振。《授衣广训》的插图，和全盛时代《耕织图》、《图书集成》图相比，绘图镌法，显然有上下床之别。过去徽派版画富丽圆润，精工可爱的作风，从此不可复见。但在嘉庆朝，这部《授衣广训》仍不失为当时京派版画一大创作。所以，我们认为仍有必要把他印出来，作为农学家和版画史研究工作者参考之用。"

在以上诸种《耕织图》中，《织图》大多与丝绸有关，这部《钦定授衣广训》则是《棉花图》，正像前言所称一样，棉织对老百姓来说，更为

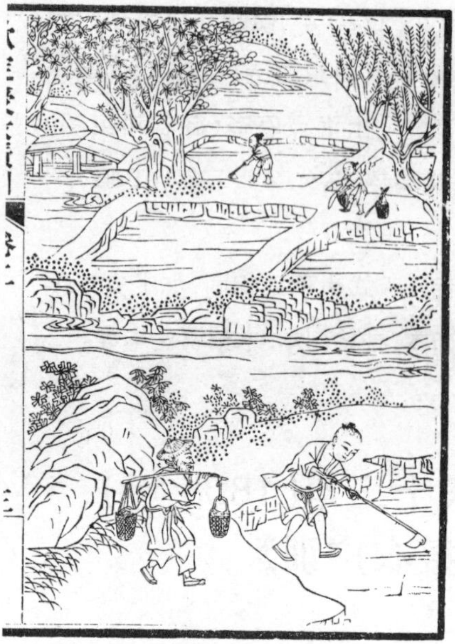

《授衣广训》,播种(局部)

《授衣广训》,灌溉(局部)

《授衣广训》,耘畦(局部)

《授衣广训》,摘尖(局部)

《授衣广训》,采棉(局部)

《授衣广训》,拣晒(局部)

《授衣广训》,收贩(局部)

《授衣广训》,轧核(局部)

《授衣广训》,弹花(局部)

《授衣广训》,拘节(局部)

《授衣广训》,纺线(局部)

《授衣广训》,挽经(局部)

《授衣广训》,布浆(局部)

《授衣广训》,上机(局部)

《授衣广训》,织布(局部)

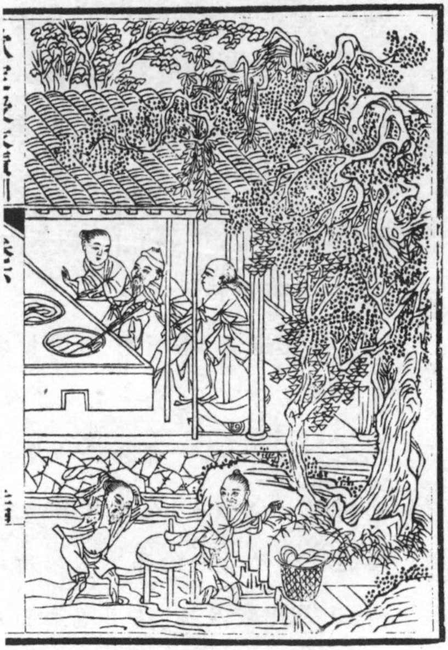

《授衣广训》,练染(局部)

实用和重要。

务虚的画谱:王小某《耕织图》

前不久某著名电视台收藏类节目播过一件王小某《耕织图》的鉴定情况,摘录如下:

该件藏品特征是:纵二十六厘米,横三十一厘米,木质封面上有“王小某先生耕织图”八字,内有十六开绢本设色册页,其中耕图八开,织图八开,分别表现了:浸种、耕、插秧、采桑、择茧、织、剪帛等十六个耕织场景,最后一页上有“戊子仲春邗上小某王素”的题款,并钤有一方印章,印文为:王素。

王素,生于1794年,卒于1877年,字小梅、晚号逊之,清代扬州画家,他早期师事鲍芥田,后法新罗山人,深得其神髓。凡人物、花鸟、走兽、虫鱼、果品无不精妙,犹以人物、花鸟擅长。王素画法多样,既善小笔勾描,又能大笔挥写。所画花鸟,造型准确,神态逼真,用色清新。山水画则窥宋元,意境深远,疏秀而简淡。人物仕女画犹佳,清淡雅致,蕴情含蓄,神态毕肖,栩栩如生。是清代晚期“扬州画派”中的一流高手,其作品传世颇多。

鉴定专家:潘深亮,故宫博物院副研究员。

专家评述:这册子是人物画,它画的是什么呢,是《耕织图》。一共呢是十六开,第一部分讲的是耕,第二部分讲的是织,它是王素很少见到的一个册页,因为中国画的一个特点,特别是古代画的特点,画的这种劳动场面的画不多, 所以它也是很珍贵的, 它里面所画的造型,还是比较准确,在用笔上面来看,比较精工细腻,在构图上平中求奇,这个册页和他的真迹相比,风格是完全一样的,加上款和印都是

王素《耕织图》，耕

王素《耕织图》，插秧

王素《耕织图》，登场

王素《耕织图》，簸扬

王素《耕织图》,入仓

王素《耕织图》,三眠

王素《耕织图》，练丝

王素《耕织图》，络丝

王素《耕织图》,经

王素《耕织图》,织

王素《耕织图》,染色

王素《耕织图》,成衣

真的，所以这个画册是一个真迹无疑，是一幅非常难得的，王素的人物画精作，鉴于上述情况，参照当前王素画的市场行情，经专家鉴定团研究估价为二十五万元。

这册王素的耕织图无缘得见，但在陈履生先生编的《一品堂画谱》(1995年广西美术出版社)中，却见到了王素二十四开的线描《耕织图》。这个《耕织图》显然是属于画谱一类的，画法细致熟练，不能说不好，但也好不到哪里去，似乎不少人都可以这么做，怎么来定位他的画法呢？唯手熟耳？

讨好的生意：清末外销画《蚕织图》

从旧书店购得一册上海古籍出版社出版的展览画册《18—19世纪羊城风物——英国维多利亚阿伯特博物院藏广州外销画》，十六开，精装，很漂亮。书前有几篇文章，其中刘明倩在《贯通中西文化的桥梁——谈维多利亚阿伯特博物院藏广州外销画》谈到“外销画”：“1860年，英国国立维多利亚阿伯特博物院购入第一批中国外销画。‘外销画’是1949年后美术史家开始使用的名词。18世纪末到19世纪初期间，虽然中国画工知道他们的作品是卖给洋人的，但买家则没有将中国画分为‘外销’或‘内销’的习惯。欧洲人买中国画，是因为他们对这遥远的国家充满好奇。在摄影术未发明以前，图画是帮助他们了解中国事物的最佳媒介。事实上，欧洲各国的东印度公司在他们贸易的地方购买一些富有当地色彩的图画，不以中国为限，维院珍藏中就有不少印度水彩画和日本版画。”

关于中国外销画的题材及历史意义，“外销画在18世纪末已非常发达，题材包罗万象。茶、丝、瓷是中国三大出口商品，这三种商品的制造过程,自然成了外销画的热门题材。”外销画“历史不超过200年,到今天能自成一格,成为美术史家和历史家研究的对象,得归功于广州的一群优秀画工。他们技术精湛、头脑灵活,善于迎合顾客口味。中国外销画不独题材广泛,而且价格便宜,因而得以大量输往欧美各地。当年广州画工为‘揾两餐’而绘制的图画,其中部分进了博物馆,成为今日研究晚清风貌的重要资料,这应是画工们万万料想不到的。”

关于这一批外销画《蚕织图》,中山大学历史系江滢河在《濡染西风的桑丝图》一文中说:“本次展览所陈列的丝绸制作过程图,为纸本水彩册页,共十六幅图画,描绘了丝绸生产从种桑养蚕到纺织印染、采买销售、装运出洋的全部过程。同时图画所表现的内容也比较真实地体现了中国传统社会男耕女织的生产模式,是西方人了解中国传统社会极好的图像资料。整套画基本上以康熙时期焦秉贞绘制的《御制耕织图》为蓝本,再为满足西方人的爱好,添加了一些反映丝绸销售过程的内容,比如丝商、入仓、洋行等。”

这一批《蚕织图》是特殊年画的特殊画册,它们的产生不是为了指导“蚕织”的,而是为了出售给好奇的西方人。但不管怎么说,它记载了一个时代的特点,此前或此后都不会再有了,也算是传统《耕织图》的一个另类版本。

在观赏以上这些《耕织图》过程中,了解到有一册《中国古代耕织图》的书籍,其介绍为:

《中国古代耕织图》是中国农业博物馆丛书之一,王潮生主编,1995年由中国农业出版社出版。该书是作者于1986年的《中国古代耕织图选集》的基础上增补编辑而成。在新石器时代即有反映原始农业生产的岩画出现,其后,先秦器物、魏晋墓室壁画、唐宋石窟壁画和

清末外销画《蚕织图》之一，采摘荆桑

清末外销画《蚕织图》之二，采摘鲁桑

清末外销画《蚕织图》之三，喂蚕

清末外销画《蚕织图》之四，灸箔

清末外销画《蚕织图》之五，上簇

清末外销画《蚕织图》之六，浴蚕

清末外销画《蚕织图》之七，缫丝

清末外销画《蚕织图》之八，浣丝

清末外销画《蚕织图》之九，络丝

清末外销画《蚕织图》之十，牵经

清末外销画《蚕织图》之十一，织丝

清末外销画《蚕织图》之十二，染色

清末外销画《蚕织图》之十三，装运

清末外销画《蚕织图》之十四，丝商

清末外销画《蚕织图》之十五，入仓

清末外销画《蚕织图》之十六，洋行

历朝典籍中，均绘、刻、印有大量的展示农耕、畜牧和蚕织等方面的图画。北宋时，宫廷中有以农家耕织为内容的盛大的壁画。到了南宋时，由当时的浙江于潜县令系统地绘制了反映南方农业生产中耕和织的全过程的《耕织图》共45幅。明清以后，各朝执政者多次以南宋的耕织图为范本，不断改编、临摹、仿刻、印制，从而出现内容大致相同的《耕织图》众多版本。本书共收入"耕"和"织"方面的图画资料共413幅，书后附录历代所作的耕织图题诗。该书是一本珍贵的了解古代农业生产的形象资料。

看了介绍，想着应是一本很美的画册，于是立即从网上购得一册。到手一看，这册十六开的画册，内容也算详实，但仅前面有几幅失真的彩图，其他均为黑白，而且印制粗糙。这么用心编成的一部书只有好看的外皮，弄成这样，不该。

无人改正的错误

粗略地看这些《耕织图》，发现不少常识性错识。这些错误主要在《耕图》里（因为有实际的经历，至于《织图》，只有养蚕的经历，没有缫丝、织布、裁剪的经历，所以不敢说）。

为什么要谈这些错误？因为尽管我们的书画有一个"神似"的传统，也就是为了表达精神层面的东西，可以忽视具体的细节，有些甚至是错误的。但《耕织图》却不能这样看，因为它是具有指导耕织意义的实用图画，是以写实为标准的，也就是说，它是实用的"插图"，不能来虚的。

它们有些什么样的错误呢？这里做个简单的举例。

1. 明天顺六年刻本《耕织图》

我能见到的图片只有四个场景：浸种、插秧、耘、砻。其中的《插秧》图有两个错误：一是插秧人左右手各抓一把秧苗，实际上不是这样的，而是左手握一把，右手多是一株、两株，用于插入水田中；二是插秧的手势不对，右手虎口朝上正面握，怎么插？正确的应是食指、拇指和中指来完成插秧，其实我们可以找一根筷子站着往地上插一下就知道了。产生这两个错误的原因，要么是照搬现在无法见到的南宋《耕织图》，要么是绘刻者根本就是为了图方便自行改动。但他们都没有插过秧苗似乎可以肯定了。为了说明这个情况，附一张插秧的照片。遗憾的是这两处错误一直都没有被高明的画家们改过来，直到清末的《耕织图》也是相同的错误。

2. 明万历二十一年(1593)刻本《便民图纂》

《便民图纂》的插图更有生活情趣，虽然编辑者自称符合实际，但图中同样也存在错误：一是插秧的手势仍然没有改正；二是耘田的身势是错误的。所谓“耘”，我生存的地方(云南陆良)称为“薅秧”，就是将田里的杂草锄去，一般要薅三次，薅秧时，往往是单腿跪在田里，用双手将水里的杂草细心抓出来、拔出来。我写过《薅秧》的小文，摘录如下：

薅秧工作就是对水田的中耕，就是除去水田中的杂草。栽秧不久，秧苗定了根，然后就长出了健壮的植株来……水稻们长势好，也很整齐，但往往有一些头颅高过它们，认真地挺着。薅秧的人来了，连草的名字都懒得指出来，一眼就看到了稗子，它们被拔去了。……水田中还有更多的水草，它们长在水面下或者浮在水面上，比如金鱼草，比如鸭拓草，等等，最终都被一双手一棵不留地拔去。还好，有些粗心的手将一些草拔断了，没有捋去根，过几天又长出来了。比如我的手，或者像我们这个年龄责任心不是很强的手。

《中国古代耕织图》书影

薅秧很累，几乎是一整天单腿跪在水田里，双手也要长时间在水里四处抓，需要把每一寸土地都抓到，因为每一寸土地上都可能有草。在没有下田之前，水田里的水是清的，杂草和小鱼小蚌都历历在目。我们下田薅草时，水就全浑了，全靠手在里面抓，一天下来，手指就都变成奇怪的白色。还有粗糙的稻叶划我们的脸庞，还有长时间弯着的背，直起来时会眼冒星星。

我们的薅秧全靠徒手，算是没有跟上时代。后来看资料，才知道一千多年前的中国人就有了很好的“薅秧”工具。那时的人们称薅秧为“耘”，可谓更科学。唐以后，出现了适于水田中耕除草的农具，比如耘爪。耘爪是用竹管斜削成长约寸许的指套，套在手指上以保护手指。因为它们形似指甲,称耘爪也是合适的。这种用法我到现在还没有体验过,我想,如果我现在要去薅秧,我肯定要做这样的工具使用了。

当然也可以站着用脚去干这个事,但那是会被人笑话的,是"偷工减料"的做法。值得一提的是明天顺六年刻本《耕织图》里的《耘图》是正确的,而以后的《耕织图》中的《耘图》都不是这么做的。

3. 明仇英绘本《耕织图》

明仇英绘本《耕织图》中有《耕图》六幅,因为是摹画,将以前的错误都"继承"下来了:插秧的手势没改正,耘田的身势也没改变。

4. 明崇祯十年(1637年)刻本《天工开物》

《天工开物》的图简明准确,它也不是依照《耕织图》来做的,它有更为广泛的内容,但《耘》图中人物仍然是站着,这是不对的。《耕》图中的"耜(犁)"与《耙》图中的"耙",绘画简洁准确,但是耙上缺少一条拴在两头的绳子来掌握平衡,照图中的画法人是站不稳的,是没法耙地的。这部书里多了一个《耔》图,没有亲身经历,不知是一个什么情况。

5. 清康熙《耕织图》

《耕图》中的"犁"缺"犁铧",且比例不对,还缺牵牛的绳子,这样根本管不住牛。

《耙图》中的"耙"是个臆想的工具,正确的"耙"见《天工开物》的《耙图》。耙的历史久远。商周时期就出现了一种叫做"耰"的碎土农具,也就是用木头做成的榔头,其功用是将翻耕的土块敲碎。有人考证说,这种农具主要用于春秋战国时期。其实不然,这种工具也一直在我们生活中使用,而且使用的地方还不少。秦汉以后,碎土农具主要是耙。耙分人力和畜力两类。人力耙出现于战国到秦汉时期,有竹木和铁齿两种，竹齿耙用于打场，把谷子推开或者收起来。铁齿耙，有的叫铁搭，用于翻土和碎土，齿数有三到八个不等。畜力耙是从铁齿耙发展而来的，主要功用就是碎土和平整，它们从形状上又分为一字耙、人字耙和方耙。方形耙就是长约一米八、宽不过一步的四方木框。两条长的是较宽的木条，上面掏一些斜眼，将一些有刃的铁质耙齿装进去，就可以了。使用的时候，将牛套上担子，用绳子挂在耙的一条横板上，另一条横板的两端则拴上一条绳子以便手持，双脚分前后分别踩在两条横木上，由牛拖着就可以耙地了。人在耙上是很灵活的，可以用双脚调整重心，也可以左右移动调整重心。有时耙地的人一手提着耙绳，掌握平衡，另一手抓着牛尾巴，招呼着牛，很有意思。

《耖田》图耕牛缺牵牛的绳子。

《拔秧》图错误，是坐着，而不是站着。当然也有站着拔秧苗的，但那是少量而已。关于拔秧，也引用拙文《秧板凳》来说明：

拔秧就要有秧板凳，它们是坐着拔秧苗的专门工具，也是我们生活中必不可少的东西。虽然功能重大，做法却简单，就是平时用的小木凳，拔秧时在下面钉上一块木板，要比凳面大，目的是使人坐在上面不至于陷入秧田的泥里。

看到过一些资料，说宋代就出现了一种拔秧用的专用工具，称为秧马。拔秧时拔秧人骑在上面并能在秧田中滑行，所以称为秧马。而且还说最早记载并提倡推广它的是北宋诗人苏轼。当年的苏轼被贬惠州，途经江西，见曾安止所著《禾谱》后，觉得美中不足，因为书中没有写农具，于是写了一首《秧马歌》附于书末，并在序中说：

“予昔游武昌，见农夫皆骑秧马，以榆枣为腹，欲其滑；以楸梧为背，欲其轻；腹如小舟，昂其首尾；背如覆瓦，以便两髀雀跃于泥中。系束藁其首，以缚秧。日行千畦，较之伛偻而作者，劳佚相绝矣。”

如此看来，秧马比我们使用的秧板凳有更多的艺术趣味，也更为

栽秧照片

实用。我在明朝人徐光启的《农政全书》中见到过秧马的形象，很实用。而我们的秧板凳下面是平板，并不能像秧马那样滑行，只能一次次地用手提出泥巴移动，费劲不少，这是其一。我们的秧板凳并不能“系束蒿其首以缚秧”，而且是将一把泡软的稻草坐在屁股下面，不时地抽一根捆扎秧苗，这是其二。我们的秧板凳过于粗糙，称不上艺术品，少了很多趣味，这是其三。

《插秧》图手势仍然是错的，而且左手将秧苗抱着，更是不知从哪里来的画法。

《一耘》图及《二耘》图都不对，见前面描述。

《三耘》图有跪下去的样子，但秧苗这时早已可以将身影挡住了。人是隐在稻苗里的，而且水也没有那么深。

《收刈》图手势也不对，可以比划一下就知道了，像图中那样做，要掉多少稻子在田里？

《持穗》图中那连枷怎么用？正确的见《便民图纂》。不过在生活中我也见过这种极为简便的连枷，用起来无力。

另外有一点疑问，此套图中有《碌碡》图，不知何物，是耙的另一种形式？从所配康熙的诗“好教春水满平畴”来看，应当是我们所称的“荡”，就是用木刮将水田推平，使露出水面的地方没入水面。

6. 王小某《耕织图》

王小某的《耕织图》是摹画的，错误也免不了，就不再一一去点了。有意思的是其中的《耕图》除了犁不对外，他还将牵牛的绳子“创造性”地扯紧了，这叫牛怎么耕地？可见他虽然是摹画，却喜欢“创造”。

7. 掼谷子

我见到的这些耕织图都没有“掼”这个程序，这其实是很重要的一个步骤，怎么能随便“缺席”呢？所谓“掼”，就是在没在打谷机之前，收下的谷子在打谷船里掼砸，以使谷粒脱下来。打谷船有的地方也称地箩，也就是用木头做成的一个大斗状，也有的地方是用竹子编成的。这种框长宽近两米，深约半米，呈梯形状，向底部收缩。有的地方两边的框栏相对高一些，以保护谷子不飞出去。直到现在，这些工具还在我们生存的土地上或者更为广泛的范围内发挥作用。宋应星在《攻稻》里也记录道：“凡稻刈获之后，离稿取粒。束稿于手而击取者半，聚稿于场而曳牛滚石以取者半。凡束手而击者，受击之物，或用木桶，或用石板。”还好，《天工开物》里有配图。

几点感受

《耕织图》版本众多。其流传到今的不知有多少种，消失的更不知有多少种。这里无意去“求全责备”，只是将手中所有的图片资料作一个小小的疏理，权作一个小小的纪念，或者是作为对《耕织图》及其作者们的个人致敬，或者是作为回忆小时候耕田种地的一点私人线索，都可以。

《耕织图》最终流于形式。它始于南宋，最初确实是出于实用的目的，并且一直传承下来。不想后来却发展成为画谱的一个组成部分，按理说这促进了它的传播，是值得高兴的事，然而，当它成为画谱成为定式时，也就意味着与最初的目的相去甚远。后来的《耕织图》，除《便民图纂》、《天工开物》少数几种外，大部分都是摹画而已，因为作者们本身不事稼穑，当然用不着到田野去观察补充了。这还是农耕时代，现代社会就更加不可能了。这仅仅是《耕织图》的悲哀？

《耕织图》有更多功利性。民间有多少耕织经验是来自《耕织图》？恐怕很少。但对历代提倡它们的皇帝来说，这是个人“民本”的表现。对画者来说，主要是为了上面的高兴，使自己能混口饭吃，至于耕田织布，与己何干？至于研究者，耕田织布的事似乎就更远了。

新戏单的趣味

这几年关于收藏的事很热闹，各式各样的东西都有人收集。在戏剧方面，老戏单也受到很多人的青睐，在市场上还能见到许多出版物。而新戏单的收集，虽然媒体报道过不少，但好像还是比较冷清。

在搜集图片的过程中，我也收集到了一百多种新戏单，所属时间主要在新中国成立后至“文革”期间。这里就手中的资料谈一谈个人感受到的这些新戏单的趣味。

新戏及新戏单

戏剧的历史久矣，戏剧的内容大矣。我们在这里不探讨戏剧悠久的历史和戏剧庞杂的内容，只是从个人收集到的戏单来看，粗浅地以为，新戏单是相对于传统的老戏单而言。那么，新戏单中的“新戏”包括哪些内容呢？

白剧，《红色三弦》

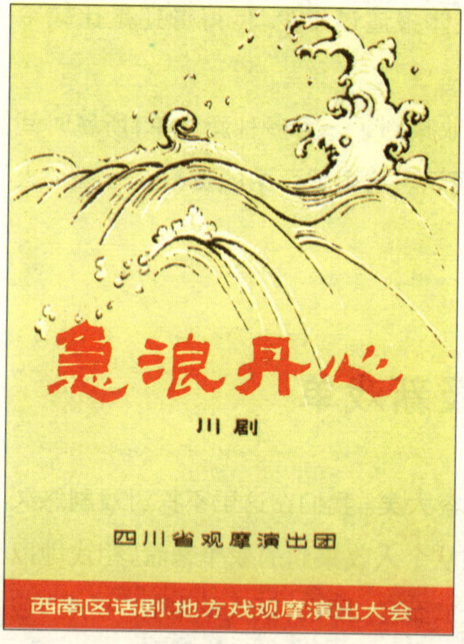

川剧，《急浪丹心》

1. 现代戏

什么是现代戏？引用在济南举行的“中国戏曲现代戏研究会 2006 年年会”上的观点，一般认为，现代戏主要是从题材时限上界定的，凡是反映我国辛亥革命以来人民生活的戏曲均可称为现代戏。

中国戏曲现代戏研究会常务副会长王安葵认为，“现代戏” 基本成熟的标志有三个：一是基本解决了传统的民族戏曲形式和现代生活之间的矛盾，二者走向和谐；二是积累了相当数量的优秀剧目，在内容和形式上、艺术性和民族性上都达到相当的高度；三是戏迷众多，产生了广泛的社会影响。

从这些观点来看，新戏单中所反映的内容大部分都是现代戏，比如话剧、歌剧、舞剧、现代京剧等。

2. 新编历史剧

新编历史剧既可以是话

滇剧,《佤山前哨》

毛主席语录

提高警惕，保卫祖国。

真正的铜墙铁壁是什么？是群众，是千百万真心实意地拥护革命的群众。这是真正的铜墙铁壁，什么力量也打不破的，完全打不破的。反革命打不破我们，我们却要打破反革命。

剧　情　简　介

云南边疆的阿佤山区，经过无产阶级文化大革命战斗洗礼，更显出一派欣欣向荣的景象。各族人民在毛主席革命路线指引下，军民联防，团结战斗，筑成了祖国西南边疆的铁壁铜墙。

阳帅大队党支部书记岩松，解放前是反动大头人的长工，解放后，在党的培养下，成了无产阶级的先锋战士。他身在佤山，胸怀朝阳，面对边防复杂的阶级斗争，心明眼亮，牢记党的基本路线，坚定不移地相信和依靠各族贫下中农，团结一切可以团结的力量，在当地驻军的配合下，挖出了埋藏在境内二十年之久的美蒋特务，粉碎了境外蒋残匪的窜犯骚扰，保卫了边疆的社会主义建设，捍卫了钢铁边防。

佤山前哨剧情简介

黔剧,《山高水长》

新昆曲,《红霞》

云南花灯剧,《杜鹃山》

剧，也可以是歌剧、舞剧，既可以是京剧，也可以是地方剧，真正属于它自己的特点，就是戏剧的内容所反映的是历史而不是现实生活。

在新中国成立初期，关于历史剧发展方面，有许多争论，但一般认为：“历史剧应忠实地反映历史真实，不应将历史人物‘现代化’，将历史事迹与现代中国人民的斗争事迹作不适当的类比。对中国历史上的英雄人物，应根据他们在当时历史条件下所具有的进步性、人民性和高尚的民族品质，予以应有评价，在艺术形式问题上，会议认为，无论修改旧剧本或创作新剧，都应当注意保存京剧和各种地方戏原有的特点和优点，而不要轻易将这些特点和优点抛弃。”这一观点来源于 1950 年 7 月 29 日《文汇报》中新华社电讯《中央人民政府组成戏曲改进委员会》。

基于新编历史剧是在建国后与新的政治要求相适应的戏剧，我也将其归入“新”戏。

3. 现代京剧

京剧已有数百年的历史了，它一直发展并持续地受到人们的喜爱。在民国时期，京剧就受到从西方传来的话剧、歌舞剧的影响及冲击，有识之士开始了京剧的改革。新中国成立后，在“百花齐放，推陈出新”及“改戏改人改制”方针指引下，各地成立了京剧团，成为国营剧团；京剧从业人员也提高了地位，被称为文艺工作者、艺术家。这些因素，调动了广大京剧工作者的积极性，京剧编剧、导演、音乐、舞美及管理人才大批成长。

1958 年至 1964 年间，出现了“京剧现代戏”，它们本质上是解放区戏曲改革的继续和发展，也是新中国文坛的重要收获之一。这个时期，中国文坛刚刚经历了“反右”等一系列的批判运动，1962 年“阶级斗争”的提出和 1964 年开始的“四清运动”，更加剧了当时社会的政治气氛，传统文化遭到全面清除，新的文艺样式的创作成为了

歌剧,《草原之歌》

歌剧,《春雷》

歌剧,《柯山红日》

必要，京剧现代戏，也就是现代京剧产生了。

1963年华东话剧会演之后，当代戏剧领域最受关注的京剧界也举办了现代题材剧目会演，它就是1964年6月5日至7月31日在北京举行的京剧现代戏观摩演出大会。这标志着现代京剧热闹地走上了舞台，并在此基础上，产生了一批“样板戏”。

4. 样板戏

样板戏的正式名称为“革命样板戏”。1966年12月26日《人民日报》发表的《贯彻执行毛主席文艺路线的光辉样板》一文，首次将京剧《红灯记》、《智取威虎山》、《沙家浜》、《海港》、《奇袭白虎团》，芭蕾舞剧《红色娘子军》、《白毛女》和“交响音乐”《沙家浜》并称为“江青同志”亲自培育的八个“革命艺术样板”或“革命现代样板作品”。1967年5月31日《人民日报》社论《革命文艺的优秀样板》一文，正式提出了“样板戏”一词。之后又出现了京剧《龙江颂》、《红色娘子军》、《平原作战》、《杜鹃山》等第二批“样板戏”。

“文革”后，关于“样板戏”的争论一直很多。针对当前有些剧团“原汁原味”重新排演“样板戏”的现象，有专家们认为，不能把“样板戏”当作样板来排演。“样板戏”作为特殊历史时期诞生的现代戏，其主要剧目的总体艺术水平并无多大发展。但不可否认的是，当时“样板戏”的创作集中了国内许多专家，创作态度真诚，在音乐、舞蹈、唱词方面的突破也是显而易见的，此后，再难有此突破或者创新了。

样板戏是历史特定阶段的产物，关于它们的争论估计永远不会停止。从这个方面来看，收集那个年代的样板戏戏单就很有意义了，至少是一个小小的细节的实证。

5. 地方戏

中国戏剧因各地表演所用的语言、音乐、表演手法的不同而形成不同剧种。这些剧种又因历史渊源、艺术水平和地域的限制等众多原

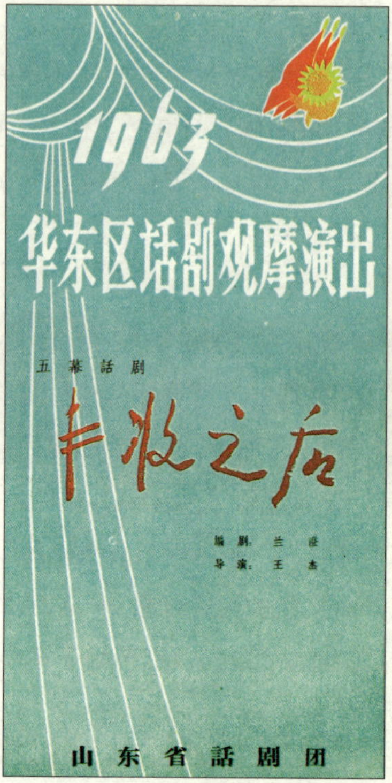

话剧,《丰收之后》

话剧,《哥俩好》

话剧,《红管家》

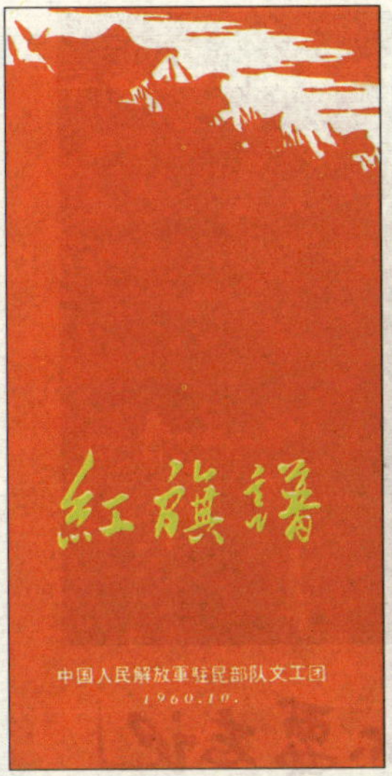

话剧，《红旗谱》

话剧，《红岩》

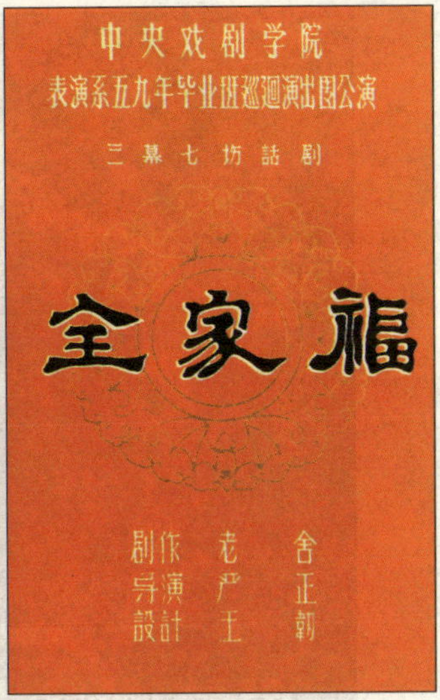

话剧，《全家福》

话剧，《决裂》

话剧，《南方来信》

话剧,《霓虹灯灯下的哨兵》

话剧,《千万不要忘记》

因导致发展不平衡,有的甚至受到有意的排挤。新中国成立后,在“百花齐放”的倡导下,地方戏得到了更好的发展,至少是在制度层面得到了提倡,一些地方戏剧甚至得到了复活。它们受到特别的关注,一般认为是这些小戏被看成与底层劳动人民的情感生活更为接近,受封建影响较小。但真正的原因远没有这么简单明了,甚或说,到现在也不能说有定论。

地方戏发展起来了,它们也受到政治的影响,排演的大多是现当代人们的现实生活,当然也属于“新戏”的范畴。

6. 话剧

话剧是从西方传来。晚清时,一些教会学校学生用英语搬演西方名剧片断,并开始编排“时事新戏”。后来,一些海外归来的人士创办剧社,在剧场演出了采用布景、灯光和服装,并有整齐分幕的戏剧,成为早期话剧,当时也称为文明新戏。随后,话剧几经起伏,没有得到大

舞剧,《天鹅湖》

舞剧,《鱼美人》

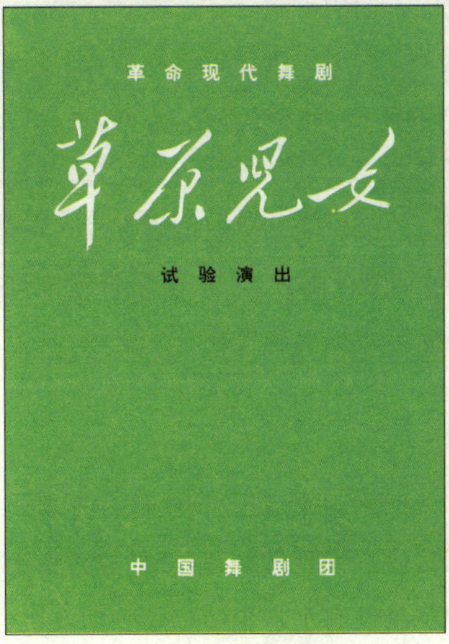

现代舞剧,《草原儿女》

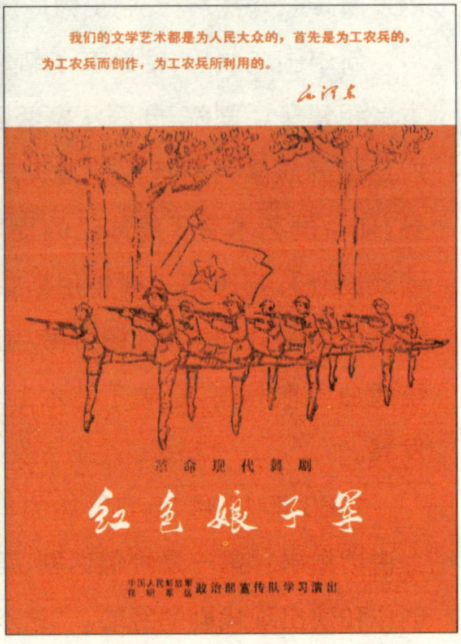

现代舞剧,《红色娘子军》

北京京剧团演出戏单

现代京剧,《龙江颂》

的发展,或者说没有受到更为广泛的人们的喜欢。

新中国成立后,话剧有了新发展。早在1950年代初期,很多地方就组建了话剧院,专门从事话剧的创作、演出、研究。当时,话剧界广泛地开展学习斯坦尼斯拉夫斯基体系,苏联专家还专门执教执导,使话剧艺术有了整体上的提高。1960年代初期黄佐临发表《漫谈戏剧观》,提出博采斯坦尼斯拉夫斯基、梅兰芳、布莱希特戏剧理论精华的写意戏剧观。杨村彬、田稼等又提出向民族艺术学习,从传统戏曲吸取养料,打破了艺术上单一化的倾向,话剧得到了更大的发展。

1963年12月25日开始的华东话剧观摩演出,柯庆施在开幕式上讲话指出:"第一是提倡话剧,第二是提倡现代剧,第三是总结交流创作和演出现代剧的经验。"这次观摩共有十六个话剧团参加演出,上演十三个多幕剧和七个独幕剧,这些剧目全部"反映社会主义革命和社会主义建设”。1966 年开始的“文化大革命”使话剧遭受严重的摧残。

7. 歌剧

歌剧是一种以歌唱为主，并综合器乐、诗歌、舞蹈等艺术为一体的戏剧形式。它是西洋音乐舞台上最重要的综合艺术形式，其故乡是意大利，第一部歌剧《达芙妮》是佛罗伦萨作曲家培里创作于 1597 年的。其后法国、英国、德国等国家相继出现自己的歌剧，从而歌剧广泛传播至欧洲各地。

历史话剧，《小刀会》

历史话剧，《甲午海战》

历史剧，《胆剑篇》

板样戏:《红色娘子军》

中国宋元以来形成的各种戏曲,也有歌剧的性质。"五四"以后特别是延安时期,音乐工作者开始尝试借鉴西洋歌剧的创作方式来创作具有中国特色的歌剧,体裁方面,有歌舞剧、小调剧、音乐剧、秧歌剧、正歌剧等,形式上或就传统戏曲形式改造、将话剧与歌曲结合、或据民间曲调填词改编。建国后,歌剧在一定范围内获得发展。

8. 舞剧

舞剧,作为舞蹈、戏剧、音乐相结合的表演形式,在我国历史上源远流长。作为一门独立的艺术形式,中国舞剧于 1930 年代方才初见端倪。从某种意义上说,经过"外来艺术"的引进和舞蹈艺术先驱的探索,才形成了相对完整的中国民族舞剧艺术。

中国舞剧的探索始终遵循着"古为今用"、"洋为中用"的原则,注重融会贯通和群众的喜闻乐见。从 1949 年至"文革"前可看作其实验性的新兴期,创作大都以继承发展戏曲舞蹈与借鉴前苏联芭蕾舞剧的经验相结合,如《鱼美人》、《小刀会》、《五朵红云》、《狼牙山》等。

在中国舞剧中还有一类作品,就是气势恢弘的乐舞史诗。它本

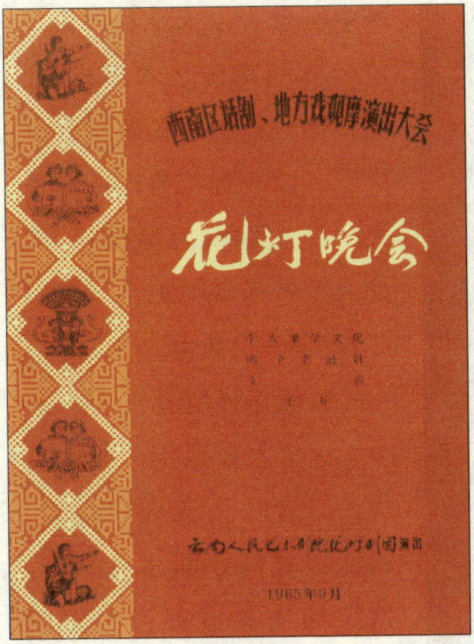

花灯晚会

缅甸艺术团访华演出

皮影戏演出

日本前进座剧团访华演出

前苏联芭蕾舞剧院访华演出

是中国自古以来乐、舞、诗三位一体的传统艺术形式，此类作品可以包容的题材十分广泛，以表现气势宏伟的重大的历史题材为其擅长，比如大型音乐舞蹈史诗《东方红》就是一个典型。

9. 娱乐性演出

这里主要是指一些邀请或访问演出，以及一些晚会。相比较其他戏剧演出而言，这些演出具有很强的娱乐性。

收集新戏单的趣味

我认为收集新戏单有以下几个方面的趣味：

一、新戏单记载了戏剧的信息，是戏剧研究重要的实证。这些戏单资料，可以很好地补充文字记载。新戏单记载了"新戏"的什么样的信息呢？我认为这是由"新戏"的时代特点所决定的。

1. 与当时的政治联系紧密，甚至可以说是当时政治及政治所影响下生活的反映。这方面的情况，通过上面的文字可以看出一些。更深入地研究和阐述，不是这篇小文能做到的。

2. "新戏"是在对"旧剧"进行改革后逐渐形成的。新中国成立之初即对旧戏进行了深入的改革，主要体现在三个方面：一是改人，也就是组织戏剧艺人学习。新中国的政府戏剧主管部门、文化馆和戏改干部协力为戏班的艺人开办了各种各样的学习班和训练班，除了让艺人学习文化知识外，更重要的是帮助他们提高思想。二是改制，主要是将原来的由私人拥有的戏班改造成由艺人们共同拥有的戏班，称为"共和班"或"姊妹班"（由女性演员组成的戏班）。这样的改革，中间有许多的利益和矛盾。三是改戏，主要是对一些认为不合时宜的戏剧禁演，这也是历史上惯用的手法。1950 年 7 月，文化界专门邀请戏曲界代表人物与戏曲改进局的负责人，新组建"戏曲改进委员会"作为"戏改"的最高顾问机关。

3. 产生了许多新剧种。二十世纪来，人们习惯将某个地方戏命名为一个剧种。新中国成立后，开展剧团普查登记时，要求地方戏有剧种归属，在这个时期，地方戏命名成为风尚。当时由于许多地区的地方戏并没有形成一个约定俗成的剧种名称，剧种的分布与流传又很复杂，于是在地方文化部门主导之下命名，无论是名称还是剧种的区分，都较为随意，往往只是简单地按照行政区划，将一地区的地方戏划归为一个剧种，把地方戏的称呼和所流行地区的行政区划直接联系起来，如川剧、豫剧、闽剧等。1958 年开始的"新剧种运动"，一些没有自己区域所属剧种的地区，以及原本并没有成熟戏剧的少数民族，也受到鼓励创造出以该地区和民族命名的剧种，形成一个颇具规模的新剧种运动。以云南为例，云南是多民族的省份，创造新剧种的工作受到各级政府和文化主管部门重视，除了几个古老剧种如白族吹吹腔、傣剧、壮剧得到恢复和发展之外，在 1958 年前后，又诞生了一批新剧种，如楚雄的彝剧，大理白族的大本曲剧，西双版纳傣族章哈剧，哈尼族的瑷尼剧，昭通、禄丰等地的苗剧，路南的彝族撒尼剧，临沧的彝族俐侎剧，红河的哈尼剧等。此后，傣、壮、白、彝四个少数民族剧种较受关注与支持，发展比较快，其他一些剧种则因种种原因，没有取得大的进展，有的甚至自然消失。1964年以后，一些地方纷纷禁演传统戏剧，留下来的，只有“现代戏”了。此状况直到“文革”结束，新的时期来临。

二、新戏单的设计具有显著的时代特点。主要用单纯、直观、朴素的形象来表达，配合了戏剧的内容。从一个时代的美术设计来说，它们也有收集保存的意义。

三、收集新戏单还可以提高收集者的生活趣味。有的收藏者纯粹为了兴趣，也就是为了怀念某种情结，从这个目的来看，主要是调动自己的兴趣，有所取有所不取。还有的为了赚钱，也可以叫投资，这是时下最为热闹的事，这事我个人不建议或者鼓励，这小小的新戏单能赚什么的钱？

戏剧不再占据这个时代的娱乐主角了，它的热闹属于过去式，正如任何一种即将淡出或正在淡出历史的事物一样，它需要有意识地保护或者保留。戏单的保存也成为必要，对它们的收存就是对戏剧历史细节的收存。

方便的购藏方式

新戏单的收藏是比较方便的。从个人的经验来看，主要注意以下几个方面：

1. 新戏单的收集需要时间慢慢经营

像其他值得人们收存的物品一样，新戏单的收藏也需要花一些时间、精力和少量的钱财。对于这些“成本”，我是这样来看待的，如果你喜欢新戏单，那么，关于时间的问题就不能算“花”了，因为这个字带有浪费的意思，而是应当反过来，是享受才对。同样，如果你喜欢新戏单,那么付出精力也是值得的。至于钱财的问题,因为价钱相对便宜,对生活影响不大,一般收入者也可以玩一玩。再说,量力而行也是基本的原则,如果某一天它们变贵了,不去惹它们也是可以的,把它们卖了也是可以的,因为有更多的人来研究它,在自己手中没有发挥作用,到别人手中能够发挥作用,有何不可?

有了以上的一些思想或者物质上的准备,那么就可以行动了,碰上一大堆当然得想办法留住,钱多一点也要想办法,不要留下失落感。既然一下子买一大批的可能已经很少了,那就一张张地淘吧。淘新戏单本来也是一个快乐的事,是一个快乐的寻觅过程,如果一个物品,我们心中一想到,它就能出现,它还有珍贵性吗?还能带给我们那种奇妙的过程吗?

2. 网上购藏更有效

我认为购藏新戏单的主要途径和方法有三种:

一是从各地收藏品市场上购买。随着“收藏时代”夏天般的热浪袭来,各地都建了收藏或者文化品市场,在这些地方,新戏单都会被很认真地摆在某个地方,等待着不时出现的买主。

二是交换。这也是获得新戏单的一种重要方式。用自己手中的藏品和藏友交换,既丰富了藏品,又加深了友谊。这也告诉我们要有复本意识,碰到各方面都合适的新戏单,尤其是很难见到的,哪怕自己已购买了,我们也可以买回来。用它来交换,不用担心它将来的去处。

三是网购。我认为这应当是新戏单及其他更多纸质类收藏品的主要购入方式。好处有几个,一是网上选择多,各种各样的戏单都能搜集到;二是网上的价钱有高有低,可以选择较低的购入;三是购入的成本较低,与溜旧书市场相比,花的时间和实际的金钱可能会更少。

民间艺术，文人趣味

平时看书，大致有两个方面的意图，一是实用的，目的是获取知识，利用这些知识工作以获得生存，可称为书本上的奔波、劳碌、比赛；二是趣味的，就是有点消遣，有点休闲，大致就是书本上的散步。第一个方面是必做的，是人生的功课，第二个方面可做可不做，是业余的，不受功课的限制，能够完成精神上的一点愉悦，也不错。

《来自民间的艺术》就是这样一本带给我们一点功课外的愉悦的书。最初认识这本书在数年前，偶然得见，心有所爱，却不属于自己，也是无奈之事。这册书是传统的线装，长大约三十一厘米，宽二十一厘米，瓷青的封面，题签没有了。翻到后面看，没有版权页，不知是什么地方出版的，也没有其他线索，连名字都不知道。当时有点奇怪，也来了点兴趣，好在有《写在前面的话》，才知道原来是木刻水印的《来自民间的艺术》。

由于地处偏远，孤陋寡闻，木刻水印真正是什么样子当时却还没有见过，想不到这册书居然是木刻水印的，当时的惊奇和高兴可想而知。初看之下，怎么也不敢相信是木版水印的，脑袋想的是这是不是

画的呀？为什么？因为这些画是“写意”的。

我们知道木刻水印在中国历史悠久，较早的彩色版画据说是宋金时代的《东方朔盗桃图》，藏在西安，我见过较漂亮的彩色印刷品，还不错。其后又有不少套印的彩色版画，比如著名的南宋《四美图》。到了明代，彩色版画大致分为两个方面，一方面是彩色的木版年画，这一方面的内容太多，可以写成几本书。我见过的只是建国后杨柳青的几种，很美，很雅致的民间趣味。书上见过的更多，多是现在胶印的，没有木版的趣味。另一方面就是文人们玩的彩色木版画，比如明万历三十二年（1640年）的《程式墨苑》，专家说开创了分版分色的“饾版”和“拱花”印制技术。还有笺谱，它虽然也有很长的历史，但在明代开始热闹兴盛起来，比如明天启六年（1626年）吴发祥在南京刻制的《萝轩变古笺谱》，据说现在只存一个孤本，在上海博物馆。这样的书我们很少能见到，就连后来的翻刻本我们也不能轻易见到。还有天启七年（1627年）的《十竹斋书画谱》及其后不久的《十竹斋笺

谱》(1644 年),据说精妙淡雅,很迷人,是文人的"清玩"精品。我见过的只是近年来的胶印本,连北京荣宝斋、上海朵云轩的复制本都没有条件见识。民国时笺谱又热闹过一阵,我以为大致从清末民初开始,笺谱的"写意"水印才明了起来,比如《北京荣宝斋新记诗笺谱》、《北平笺谱》等。彼时的文人们喜欢玩笺纸,有的甚至自己来做,可谓上了层次。

那些有名的笺谱不得把玩,这册《来自民间的艺术》与它们相比,想必也差不到哪里去,只是名气不那么大而已。从题目上来看,就知道是文人画的,因为有一种对"民间"的审视在里面,也就是说民间艺术并不自称"来自民间"。有意思的是,这些图画都没有名字,它带给你的美感是靠你自己的感受。大概也是想到要单独刻个名称也不方便,而

且也没有太大的必要，人们需要的是画面带来的美感，不是要名称作为记号。《写在前面的话》说了："为了木刻的方便和适合于木刻水印的特点，用笔也力求简略些。"

还是想说，木版水印能印出这种"写意"的效果，真是不可思议。

这册《来自民间的艺术》带给我的趣味有诸多方面，但"民间性"的趣味肯定是很突出的。它共有四十九幅图画（不知是否齐全），图画的内容是各式各样的民间艺术，比如泥塑，比如玩具，比如刺绣，甚至舞狮、高跷之类的也被画下来。前言说："这本小册子所以叫做《来自民间的艺术》，是因为其中许多画是画的民间器物，或者是照着民间器物上的画画下来的……我国许多的民间器物和这些器物上的

画，在造型上的淳朴、完整，在色彩上的明快、强烈，长期以来就是那么强有力地吸引着不少的人们。”我理解的民间艺术内容宽泛，包涵的内容无穷无尽。它们仿佛山林间的小溪水，是活泼的，是灵动的，不是用一个框子框住的。在形式上，它们似乎不需要统一的标准，它们产生在田野里，在山林里，它们也许是一点灵感，一点才情，还有一点执著，一点心思。我们的文化“传统”对民间艺术一直重视不够，实际上很多民间艺术是人们长期才情和心血的凝聚，它们比大多数所谓的艺术家或者别的这样家那样家的“创造”更令人心动，更具趣味。

另外，这本书虽然是“来自民间的艺术”，但却是平面的画，是由文人画出来的民间艺术，是民间艺术的一种转化的形式。因为画者的笔墨趣味，所以它又具有新的形式，也可称为文人趣味。文人趣味当然也很重要，文人趣味与民间趣味的结合，不知道别人是如何一二三

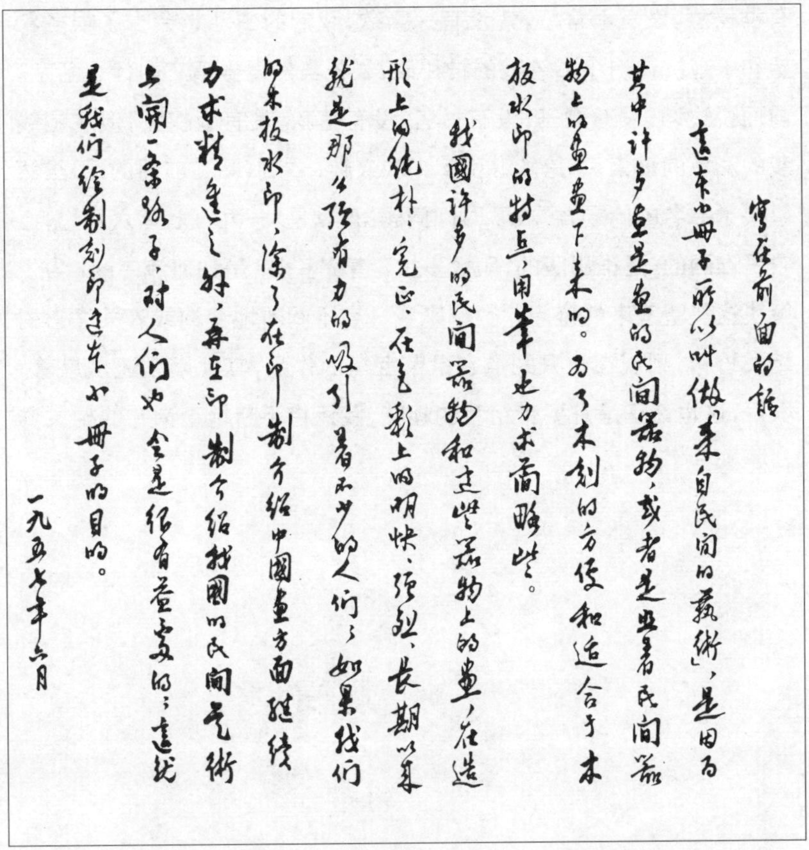
写在前面的话

这本小册子所以叫做"来自民间的艺术"，是因为其中许多画是画的民间器物，或者是照着民间器物上的画画下来的。为了木刻的方便和适合于木板水印的特点，用笔也力求简略些。

我国许多的民间器物和这些器物上的画，在造形上的纯朴、完整，在色彩上的明快、强烈，长期以来就是那么强有力的吸引着不少的人们；如果我们的木板水印，除了在印制介绍中国画方面继续力求精进之外，再在印制介绍我国的民间艺术上开一条路子，对人们也会是很有益处的；这就是我们绘制刻印这本小册子的目的。

一九五七年六月

地研究的，我个人认为较为热闹的开端应当在宋代，著名的《清明上河图》给我们多少关于生活的趣味？明代得到了突出，然后一直沿续下来，民国时又热闹了一阵，建国初悄然存在，近二十年来又热闹起来了。但现在大部分的“文人趣味”恐怕已经是故作姿态了，没有了心境，整天是是非非，哪来安宁的趣味？

这册《来自民间的艺术》的画者不知道是谁，但这点“趣味”是出来了。

还有，这本书本身还带点“神秘”性。神秘性是人人都需要的，没有神秘感，没有新鲜感，就没有探索欲，我们的生活也会少了很多希望和乐趣。这册小书给我的神秘感，最先当然得弄清它叫什么名字。前面说过，它没有题签，没有书名，没有落款，没有版权页，但又是线装的彩色的画集，真是能够引起人的兴趣！看到《写在前面的话》虽然解决了书名的问题，解决了时间问题（落款是“一九五七年六月”），但它是谁画的，是谁出版的，印数多少？售价多少？是如何流传的？为了解决这些留下来的疑问，数年来我一直不间断地查询或者关注它的相关资料，到现在也只知道它是荣宝斋的作品，其他问题还是悬着。很好，这也许正是它要带给我的趣味，我还将不断地查询它的相关资料。

扉页应当美一点

书的封面和封底称之为外衣，简称为“书衣”，而且这种说法流传已久。姜德明先生编过《书衣百影》以及续编，所选书衣都可以称为精美。可惜我地处偏远，只得了一册续编。由此可见，“书衣”的魅力是关乎我们视觉“享受”的。只可惜，不计其数的书籍，并未能把书衣做得有趣味，正如形形色色的衣服总不能说都很得体或者美妙。虽说人不能以衣服而论之，但要去真正了解一个人是需要时间的，如果没有长时间的条件，我们的视觉经验会告诉我们，看上去适合自己欣赏习惯的衣服会使我们对穿衣服的人产生好感。如果这美好的衣服又与美好的人结合起来，岂不更妙？

书衣的美当然也有着相同的道理。

套用如此这般的比喻，就可以把书的扉页称为“内衣”。对于人的内衣之美的讲究，在今天已被提到很高的地步了，每天都有人在讨论——内衣不仅要求具有外衣的所有美感因素，还要在健康、卫生，甚至性感方面有所突破。

衣服是讲究风格的，书衣就更应讲究风格。有些风格简约而带有

《壁画》扉页，人民美术出版社

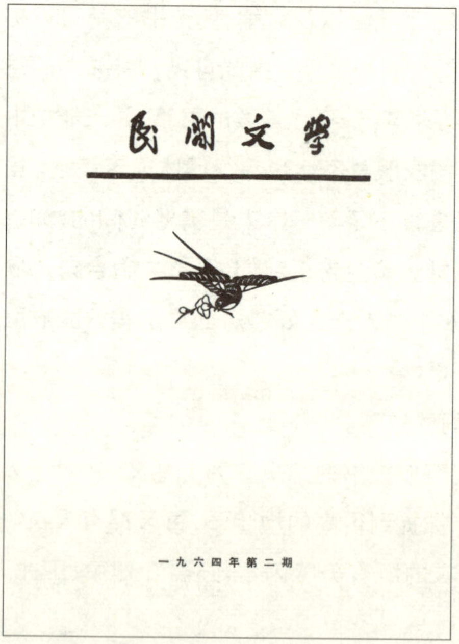

1964年第2期《民间文学》扉页

某种书卷气息的书本，可能正是我们长久觅求而获不到的东西，它正好抚在我们心中某个柔软的地方，或者正好将我们某个想法往前引申了去，这就更好了。扉页的魅力就应当如此。

扉页不仅是要讨论有无的问题，而且要讨论美好的问题。它比封面更内敛，更接近文字的肌肤。但很显然，大多数扉页“设计师”并没有认真注意到它应有的价值或者品位，有的干脆将之省去，好比不穿内衣就套外套一样。有的则过于粗糙，随便“穿”一点，与郑重其事的外衣颇不相配，这样也容易导致人们对书的内容也产生同样的怀疑。当然，对美好标准的判断也许会有差异，但我们可以把美好的判断提高一些层次，然后再谈个性之美或差异之美，应当是更好的事。我们不提倡更多的人来关注扉页的问题，但“服装设计师”显然应当关心这个问题，而且应想尽办法把它做好，加入自己的才情，使之生长成一朵摇曳的小花或者一条流过草地的清洁溪流。

我对扉页的关注当然也仅限于个人的喜好。读书之余，沿着视觉的经验，就会回头来看一看封面，看一看扉页，找一点从书中出来的情绪的缓冲，扉页当然承担了这个重要的角色。但正如前面所提到的一样，它们中的很大一部分似乎承担着与书的内容无关的角色，有点失落。

偶尔也会发现，有些扉页确实让人心动，觉得它们真是太适当了，缺了它好像就差一点什么，表现在行为上就是爱不释手，这是个快乐的事。一般来说，民国时期文艺类的小书多有不错的扉页，不少是流泉般的样子，曲折而带些忧愁，是那个时代的小小映照。只是这些书都在图书馆的典藏室里。新中国成立初期文艺书刊的扉页有更好的表现，它们简约、健康、活泼，甚至有跳动，它们很符合我们传统的欣赏习惯。但不仅仅是这样，它们又从传统中跳了出来，增加了新鲜的生机，这也正是那个时代美好生活的反映。“文革”时期的书刊扉页，当然也有时代特点，它们也同样表现出了一个时代热闹且掩饰不住背后的悲凉情境，我们不能说不好，往简单说，它们也是人们才情的真实反映，只是少了个性和灵性。“文革”后的一些年，许多扉页恢复了个性和灵动，像春天般的原野，又长出了新鲜的小花，流来了活泼的春水。再往后就不太好说了，一是因为时间太近，二来也确实过于嘈杂。也许若干年后回头看，形象会更清晰一些，正像我们在一棵大树下总是看不清大树的样子，如果我们与它有相当的距离，大树的形象就会清晰起来。所谓“距离产生美”，也许就是这个意思。

我选择这些扉页是出于个人的喜好，不求大而全，那是一座山的

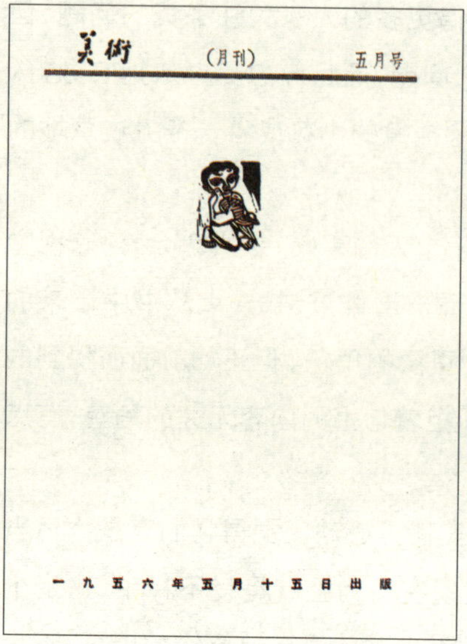

1956 年 5 月号《美术》扉页

1956 年 6 月号《美术》扉页

1960 年 4 月号《美术》封二

1960 年 6 月号《美术》封二

事。小时候放牛我就发现，一座山中会有无数的可能，山花或者流泉，杨梅或者蘑菇、松鼠或者小鸟，山风或者口哨……但我在某个夏天喜欢的也许就是那些美丽的蘑菇。对我来说，在如此美好的山林中，采几朵蘑菇，唱几句小曲，那种心情的美妙无法言说的。那时常常在山中游走，现在只能成为记忆了。

我选择这些扉页当然也不求所谓风格各异，那是一桌盛宴的事。每个人一生可能要享用无数种美味，但自己喜欢的肯定就那么几种，它们的滋味常常会袅绕在我们心间，使我们永远无法放却下来。盛宴过后觅小味，这是我们常有的体验。因此可以说，我选择的不是堂皇的盛宴，而是我喜欢的乡味，它在我很小的时候就成长为一种习惯。这种味道仅是一个地方的特色小吃，它也许仅适合一个小地方人的味觉，仅适合于少数人的味觉，但那有什么不好吗？

说远了。

挂图里的"除四害"

2010年10月,《读库》1005刊发了我的一篇《图画1958》,其中有一段说到:"几年前的一个夏天,顶着酷热和扑鼻的灰尘,在一个文化单位的废纸堆里乱翻,居然翻到了一套完整的《除四害》宣传挂图。它用一个硬纸板夹子包着,大约六开的样子(具体情况当时没能记下),尽管有的已经坏了,但拍去灰尘,逐一排序,全套二十张一张不缺。该单位的人以为稀奇,留下不当废纸了,我只好用带着的相机翻拍下来。近日在电脑上翻看,仍觉得它是一份难得的关于'除四害'运动的重要见证,恐怕留存下来的不多。"

可惜的是,文中所配的图片却不是这套挂图。

然后,我在文中回顾了"除四害"运动的情况:

"除四害"最初应当是1956年1月23日中共中央政治局《1956年—1967年全国农业发展纲要(草案)》第二十七条提出来的:"除四害,从1957年开始,分别在5年、7年或12年内,在一切可能的地方,尽可能地消除老鼠、麻雀、苍蝇、蚊子。"

1958年2月12日,中共中央、国务院《关于除四害讲卫生的指

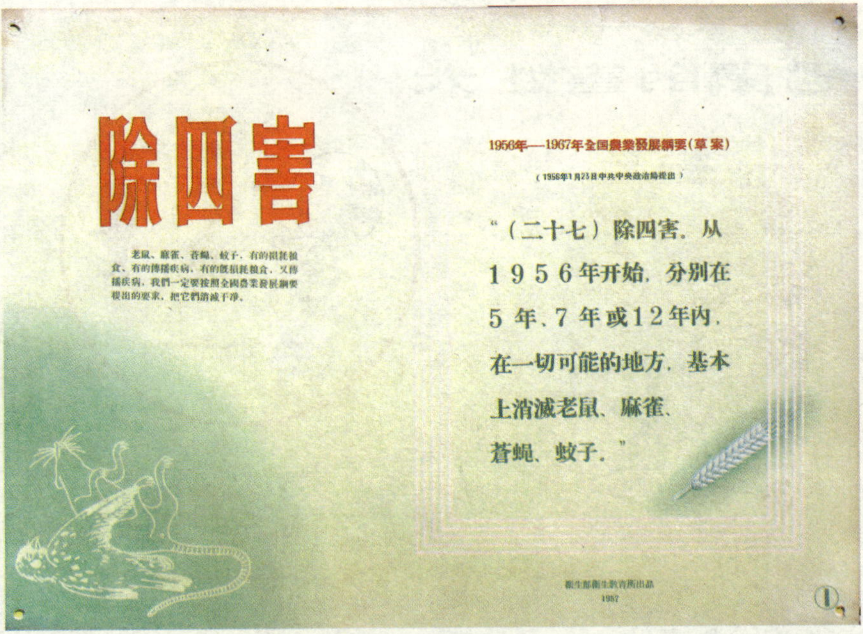
除四害
老鼠、麻雀、苍蝇、蚊子，有的损耗粮食，有的傳播疾病，有的既损耗粮食，又傳播疾病，我們一定要按照全國農業發展綱要提出的要求，把它們消滅干淨。
1956年—1967年全国農業發展綱要（草案）
（1956年1月23日中共中央政治局提出）
“（二十七）除四害，从1956年开始，分别在5年、7年或12年内，在一切可能的地方，基本上消滅老鼠、麻雀、蒼蝇、蚊子。”
衛生部衛生教育所出品
1957
①

老鼠的种类多 繁殖快
老鼠的种类很多，除了常見的溝鼠、家鼠、小鼠，三种鼠以外，还有一百几十种野鼠，一只母鼠一年能生五、六窝，一窝下三、四只小鼠，多的到十几只，小老鼠生下来有三月就又可以交配傳代。
一个鼠洞多半有几个洞口，有的鼠洞像地道一样，家鼠多半在夜里出来活动，野鼠有的在白天，有的在夜里出来活动。天气暖和，野外吃的东西多，家鼠会搬到野外；天气冷，野外吃的东西少，野鼠也会往村子里搬。
小鼠
屋頂鼠
溝鼠
黃鼠（大眼贼）
②

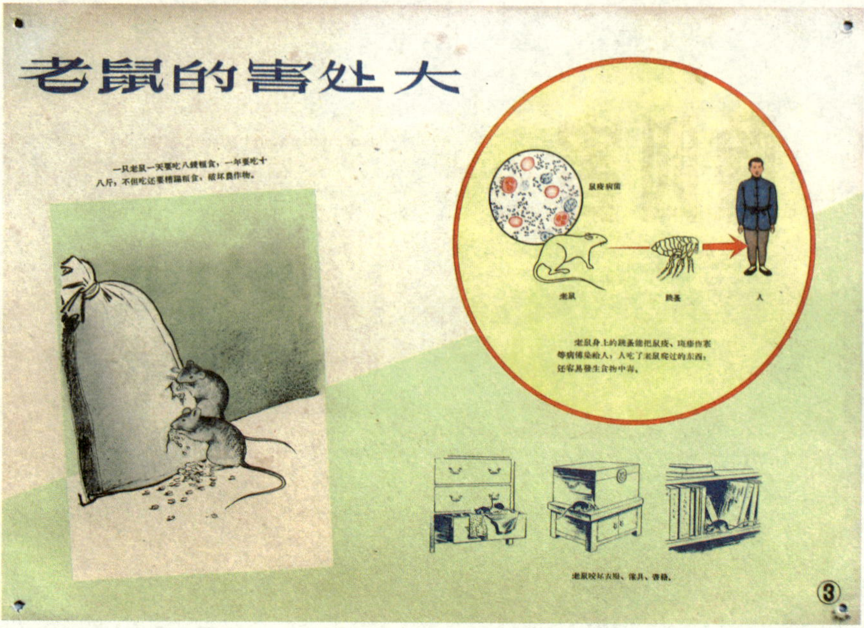
老鼠的害处大
一只老鼠一天要吃八钱粮食，一年要吃十八斤，不但吃还要糟蹋粮食，破坏農作物。
鼠疫病菌
老鼠
跳蚤
人
老鼠身上的跳蚤能把鼠疫、斑疹伤寒等病傳染給人，人吃了老鼠咬过的东西，还容易發生食物中毒。
老鼠咬坏衣服、傢具、书籍。
③

消灭老鼠
把吃的东西掛起来，加上擋鼠板，老鼠便下不来。
橱櫃門角包铁皮，脚上装擋鼠板，不讓老鼠爬上来。
盛粮食的缸要加盖，不讓老鼠吃一粒粮食。
垃圾箱也要加盖，不讓老鼠钻进去。
用灰泥夹上碎玻璃，瓷片堵塞鼠洞，可限制老鼠的生存和活动。
④

示》中讲道:“消灭苍蝇、蚊子、老鼠、麻雀,是我们征服疾病和消灭危害人类的害虫害兽害鸟的一个重要步骤。在这一斗争的过程中,我们要大大提高人民的卫生水平和健康水平,逐步控制在各个地区、各种职业中为害最烈的疾病的蔓延和发生,使广大群众对于控制自然环境增加信心和勇气,以便进而征服一切疾病,消灭一切害虫害兽害鸟。我们不但要征服人类的疾病,而且要征服家畜、家禽和作物的病害、虫害和兽害。”

《指示》强调了除四害的重要意义:“这个斗争,是人类征服自然改造自然的伟大战争的一个重要方面,是我国人民转病弱为健强、转落后为先进的伟大文化革命的一个重要方面,对于提高劳动效率、发展工农业经济、改善人民生活有密切的关系。任何忽视这一斗争的意义、认为是无关重要的小事的想法都是错误的。”

《指示》还提出一些具体的措施。比如:“在农村,要同农业生产结合起来。人畜粪便的处理问题对于卫生和积肥都关系重大,必须首先解决。要在全国普遍做到人有厕所,并且做到牛马有栏,猪羊有圈,家禽有窝。在某些人畜同居的地方,要有步骤地实现人畜分居。厕所要加棚,粪桶粪缸粪池要加盖。牲畜栏圈,要勤垫土,勤起粪,勤打扫。要经常疏通沟渠,修整坑洼,排导污水,铲除杂草,打扫垃圾,收集粪便,大力推广泥封堆肥办法。要使挖蛹灭蛆、防蝇灭蝇、整理厕所、管理粪便、打扫庭院、改善环境卫生的工作同增加肥料、保护和提高肥效的工作结合进行,使除草灭蚊、疏沟挖塘排水防孑孓灭钉螺的工作,同沤压绿肥、兴修农田水利、引污水取塘泥肥田、水塘水沟养鱼的工作结合进行,尽可能地把卫生工作和发展农业生产的工作合而为一。”

其实,如果不搞成运动,不要做到这么绝对,这些措施都是有实际意义的,直到今天也是如此,很多偏远地方的卫生情况仍然需要改进,仍然需要做这样的工作。

扑鼠的方法要灵活多样
用水灌鼠洞，老鼠跑出，立即打死。
挖鼠洞时，先要摸清有几个洞口，分别加封锁，老鼠跑出，马上打死。
翻草垛、草堆扑打老鼠。
⑤

开动脑筋创造更多的扑鼠工具
扑家鼠常用鼠笼、鼠夹、翻缸、碗扣、石板等工具，要就地取材创造更多更有效的扑鼠工具，有时能收到很好的效果。
碗扣
翻缸
石板压
鼠夹
鼠笼
⑥

消灭老鼠要注意的事
扑鼠工具用过要用开水烫过，或放在火里烧一下，去掉气味再用。
老鼠喜欢沿着墙根走，喜欢走老路，喜欢吃有香味和不常吃到的东西，我們要根据这些習性来扑捉它。
扑到老鼠，要先用开水烫死它身上的跳蚤，然后挖坑埋掉，以免傳病。
⑦

消灭麻雀 保护粮食
⑧

消灭麻雀的办法多

1.用篩子捉麻雀　2.用磚压麻雀　3.用膠粘麻雀　4.用竹弓彈打麻雀　5.用彈弓打麻雀

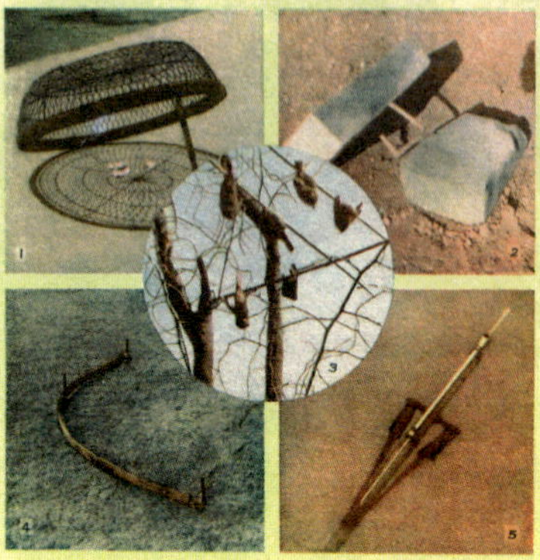

張網捉麻雀

麻雀不能老是不停地飞着，它需要停下来找东西吃，晚上需要住在窩里，因此我們可以根据麻雀的生活習性、弱点来想办法扑捉它。

⑨

掏毁麻雀窩

麻雀喜欢在屋簷、墙洞或树洞里做窩，我們可以在白天里摸清麻雀窩在什么地方，晚上打着电筒去掏窩、掏窩时，大雀、小雀、雀蛋都掏出来后，用碎磚，泥把洞堵死。

把按有活門的小木箱放在麻雀常到的地方，等麻雀把它当雀窩的时候，一拉活門就可以捉到很多麻雀。

⑩

保护益鸟
啄木鸟
黄鹂
消灭麻雀，不要把能吃害虫，对人有好处的益鸟也消灭了。
消灭麻雀应注意的事
掏窝毁窝时，要使用较牢实的木梯子，同时梯子要放稳当，以免折断滑落摔着人。
晚上抓麻雀，要点用手电筒，不要用火把，不要碰断电线，以免引起火灾。
不要在路旁住屋和人多的地方使用鸟枪、弹弓打鸟，以免伤人或打坏了东西。
11

苍蝇的生活习性和危害性
苍蝇吃东西，特别吃得很饱时，常常反流吐满，把肚子里的细菌也吐到吃的东西上。
苍蝇翅膀和腿上有很多细毛，脚上有一对钩子和一对肉垫，经常带着千千万万的细菌到处散播。
苍蝇有雌有雄，一只雌苍蝇一生可产卵5—6次，一次可产100—150个卵，卵变蛆，蛆变蛹，蛹变成苍蝇，在天热时只要十来天。
12

为什么要搞成运动?《指示》要求:“为了充分发动群众,必须把工会、青年团、妇女联合会的组织动员起来,把一切宣传力量动员起来,针对当地具体情况、当时具体要求和群众中存在的具体思想顾虑,进行生动有力的宣传。各种宣传形式,例如报刊、广播、幻灯、电影、大字报、宣传画、街道宣传、挨户宣传、参观、展览、群众大会、居民小组会等等,都应该尽量采用。关于除四害、讲卫生、防治疾病的基本常识和先进经验,报刊广播必须经常认真介绍,并且必须编印成小册子和画页,大量发行到基层去。群众中的除四害讲卫生的积极分子和先进集体,应该给予表扬和奖励。麻雀可以作食品,为了鼓励捕捉麻雀,可以实行收购。”

“在一年中间,春初四害开始活跃的时候是一场大战斗,夏秋间传染病猖獗的时候是一场大战斗,冬季结合积肥、修水利、改善卫生条件、消灭越冬蚊蝇又是一场大战斗。配合春节、五一节、国庆节举行大扫除,也是一种突击活动。除此以外,因时因地因事,配合检查评比,还会有突击活动。1958 年是全国向四害和疾病大进军的第一年,今年的突击活动必然要比平常花费较多的时间。各基层单位(例如一个生产队,一个工段,一条街道)的除四害讲卫生工作,应该每星期检查一次,各较大单位(例如一个合作社,一个乡,城市一个工厂,一个区)应该每月检查评比一次,年终应该大检查总评比一次,以便为实现长期计划打下基础。”

1960 年 3 月,根据众多的群众意见,毛泽东为中共中央起草关于卫生工作的指示中说:“麻雀不要打了,代之以臭虫,口号是‘除掉老鼠、臭虫、苍蝇、蚊子’。”1960 年 4 月 10 日全国人大二届二次会议通过的《关于为提前实现全国农业发展纲要而奋斗的决议》,将“除四害”的内容修改为消灭老鼠、臭虫、苍蝇和蚊子。

至于民间落实这些除四害的指示,开展除四害的具体情况,恐怕很多本书都写不完。

还是回到这套宣传挂图来吧。

第一张算是一个封面，左边有“除四害”三个红色大字，另一边将1956年1月23日中共中央政治局《1956年—1967年全国农业发展纲要》（草案）第二十七条专门列出，因在前面提过，这里不再附录。这个要求从改善农村的卫生来说，应当是很有必要的（除了麻雀这一项）。整个挂图的制作是“卫生部卫生教育所”，时间是1957年。总的来说，这套挂图都较为朴素，还没有1958年后的热闹。

关于消灭老鼠的挂图有六幅，从第二到第七张。第二张介绍了“老鼠种类多、繁殖快”的知识，还配有几种老鼠的形象。第三张介绍了“老鼠害处多”，配的图片很有意思，尤其是吃粮食的那张，小时候在农村生存，这种情形见到的多了，它们与人类斗智斗勇，真是麻烦的问题。第四张介绍了几种防鼠灭鼠的办法，都是农村现在还用的。第五张专门讲了扑老鼠的方法要灵活多样，并配了人们在田野里、在草垛里灭鼠的图片。第六张是“开动脑筋，创造更多的捕鼠工具”，图片介绍了五种，碗扣、鼠夹、鼠笼、石板压、翻缸，小时候常干这些事，所以现在看起来还有点“亲切”。第七张是“消灭老鼠要注意的事”，主要讲抓到老鼠要消灭跳蚤，要消毒。——就现在来说，关于灭鼠的工作，恐怕还任重道远。

关于消灭麻雀的挂图有四幅，从第八到第十一张。第八张是“消灭麻雀，保护粮食”，挂图中稻子和麻雀画得都很精美漂亮，也许是著名的画家画的，只是没有署名。这也让人想起农村稻子成熟时节的情形，真是麻雀们热闹的季节。里面有一句文字反映了人类与麻雀不一般的关系：“凡是有人住的地方，都看得到麻雀。”第九张是“消灭麻雀的办法多”，里面介绍了五种方法。我们小时候常干捉麻雀的事，不过那已经是生活在1980年代初了，用筛子捉，用砖压，用弹弓

消灭苍蝇的孳生条件
經常举行大扫除，保持环境的干淨，垃圾要倒在垃圾箱里，箱上加蓋，可防苍蝇下卵。
修建厕所，要养成上厕所大小便的好習慣，厕所門窗装紗，坑上加蓋，苍蝇便不能來下卵，还要勤除糞，即使糞里有苍蝇卵，也不会变成苍蝇。
牲畜棚圈要勤起勤垫，保持干淨，免得生苍蝇。
用水糞做肥料的地方，要把糞儲藏在糞缸里，外面抹上泥，漚熟再用。
13

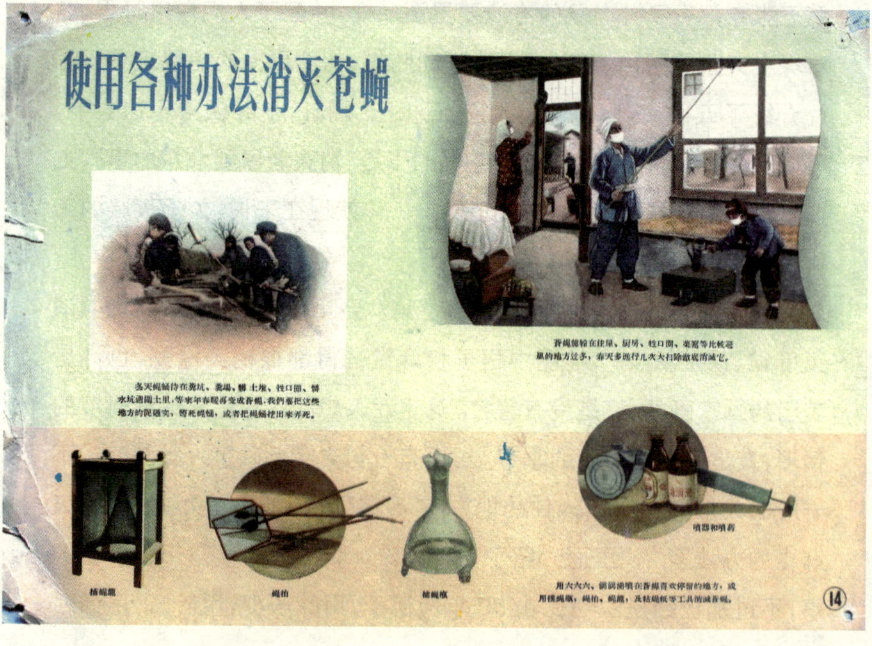

使用各种办法消灭苍蝇
冬天蝇蛹待在糞坑、糞場、鬆土堆、牲口圈、髒水坑週圍土里，等來年春暖再变成苍蝇，我們要把这些地方的泥砸实，憋死蝇蛹，或者把蝇蛹挖出來弄死。
苍蝇能躲在住屋、厨房、牲口圈、柴窝等比較避風的地方过冬，春天多进行几次大扫除徹底消滅它。
捕蝇籠
蝇拍
捕蝇瓶
噴器和噴药
用六六六、滴滴涕噴在苍蝇喜欢停留的地方，或用毒蝇纸，蝇拍，蝇籠，及粘蝇纸等工具消滅苍蝇。
14

做好
防蝇工作
做好防蝇工作，不讓苍蝇有吃的东西和產卵的地方，是消滅苍蝇的一个好办法。
食物加罩
按裝紗窗紗門
15

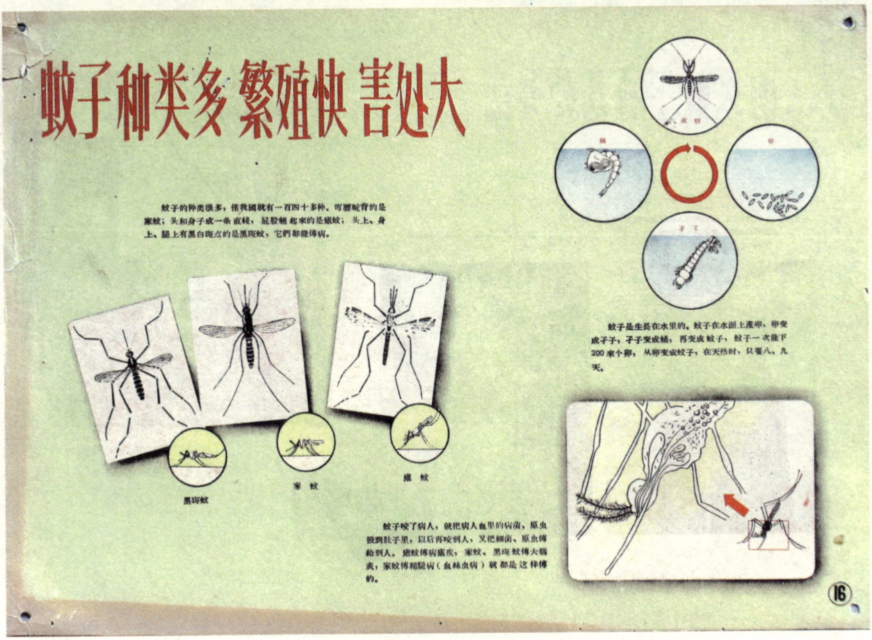
蚊子种类多 繁殖快 害处大
蚊子的种类很多，僅我國就有一百四十多种。弯腰駝背的是家蚊；头和身子成一条直綫，屁股翹起來的是瘧蚊；头上、身上、腿上有黑白斑点的是黑斑蚊，它們都能傳病。
黑斑蚊
家蚊
瘧蚊
蛹
卵
孑孓
蚊子是生長在水里的。蚊子在水面上產卵，卵变成孑孓，孑孓变成蛹，再变成蚊子，蚊子一次能下200来个卵，从卵变成蚊子，在天热时，只要八、九天。
蚊子咬了病人，就把病人血里的病菌、原虫吸到肚子里，以后再咬别人，又把細菌、原虫傳給別人。瘧蚊傳病瘧疾，家蚊、黑斑蚊傳大腦炎，家蚊傳粗腿病（血絲虫病）就都是这样傳的。
16

消灭蚊子的孳生条件

常用的盛水的缸罐，要加上盖子，不用的缸罐要倒扣起来。

堵塞树洞，砍破竹根，以免積水生蚊子。

填掉存水的洼地和无用的水塘。

水稻田是瘧蚊生長的地方，我們可以实行隔4—5天灌水和放水一次的办法，防止生蚊子。

疏通河溝，剷平河岸和拔掉水边雜草，使水流得通暢，蚊子便不能產卵。

⑰

消灭蚊子的几种办法

把六六六、滴滴涕药水噴到蚊子喜欢停留的地方，蚊子沾上药就中毒死去。均匀的噴一次，药效可管一兩个月。

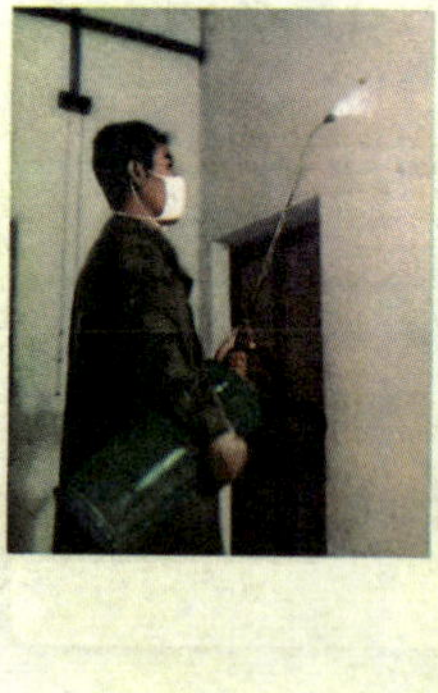

把六六六石膏磚丟到池塘、稻田里殺滅孑孓。

石膏磚

蚊子能躲在住屋、厕所、牲口圈、柴房等比較避风的地方过冬，我們要在冬春季进行几次大扫除，把它消灭干淨。

⑱

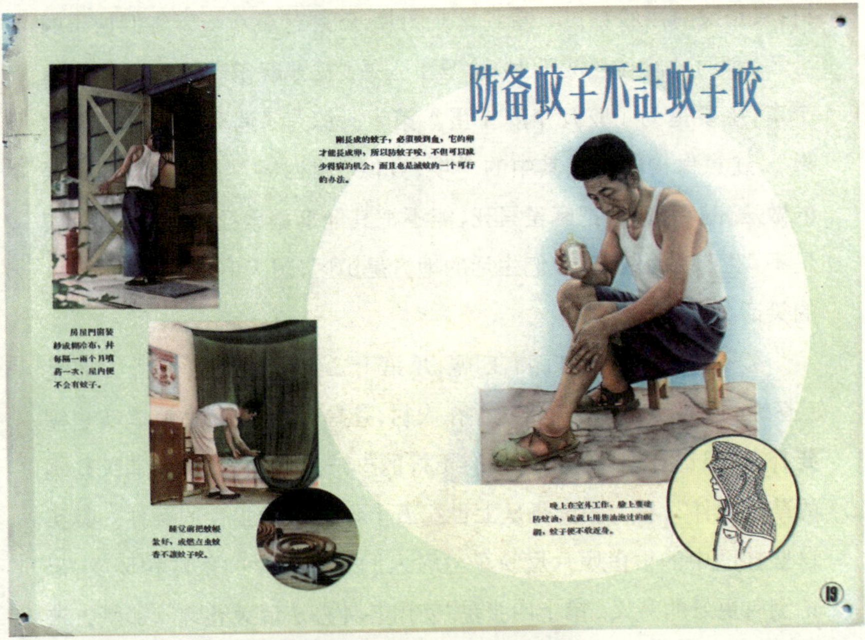
防备蚊子不让蚊子咬
刚長成的蚊子，必須吸到血，它的卵才能長成卵，所以防蚊子咬，不但可以減少得病的机会，而且也是滅蚊的一个可行的办法。
房屋門窗裝紗或糊冷布，并每隔一兩个月噴药一次，屋內便不会有蚊子。
睡觉前把蚊帳紮好，或燃点虫蚊香不讓蚊子咬。
晚上在室外工作，臉上塗些防蚊油，或戴上用柴油泡过的面罩，蚊子便不敢近身。
19

人人动手
坚决彻底
消灭四害
除四害关系于全国人民的健康和幸福，关系于社会主义建设，我们要在党和政府的正确领导下，家家动员，人人动手，为创造无鼠、无雀、无蝇、无蚊的四无的城市、乡村而努力。
20

打，只是没有用胶粘过。看到这些图片，就想起童年与麻雀们快乐的斗争。那时的麻雀还成千上万。第十张是“捣毁麻雀窝”，小时候干这个事，主要是为了吃几个麻雀蛋。第十一张是“消灭麻雀应注意的事”，注意保护益鸟是其中的一项，真像“除四害”运动高涨的时候的做法，敲锣打鼓，把麻雀累死，能不把其他鸟类累死？现在看，确实是不“生态”的做法。我们生活的地方是山区，想灭麻雀？真是个天大的笑话。

关于消灭苍蝇的挂图有四幅，从第十二到第十五张。第十二张是“苍蝇的生活习性和危害性”。在农村，苍蝇确实令人烦恼，确实也需要扑灭，但直到现在似乎也没有更好的办法。第十三张是“消灭苍蝇的孳生条件”，看上去倒真是上世纪五十年代我们生存的条件。其实这些挂图中的很多照片反映了当时人们生活生存的条件和环境，恐怕倒有更好的意义。第十四张是“使用各种办法消灭苍蝇”，那些方法也是我们常用的。第十五张是“做好防蝇工作”，里面介绍的方法是“不让苍蝇有吃的东西和产卵的地方”，“食物加罩”，“安装纱窗纱门”，这些都是常规的做法，但效果不明显。要在农村消灭苍蝇还任重道远，研究方法的都在城里，农村的环境卫生谁管？

关于消灭蚊子的挂图有四幅，从第十六到第十九张。第十六张是“蚊子种类多、繁殖快、害处大”。第十七张是“消灭蚊子的孳生条件”。第十八张是“消灭蚊子的几种方法”。第十九张是“防备蚊子不让蚊子咬”。

最后一张是“人人动手坚决彻底消灭四害”宣传画。这张宣传画分成四个部分，大致把“除四害”的方法又做了一个综合，是当时农村生活的一个现实反映，具有很典型的时代特征。

这里将这份挂图作个简要的列举，并将图片全部附录，目的有二：一是为我们回顾过去时能够获得一点感性看法，知道“除四害”

是怎么一回事,还能带有点具体的细节。二是如果能作为一点资料留存下来,就更好了,因为众多的感性的资料,正是历史构成的“细胞”,如果没有细胞,历史的构成会是什么样子呢?

“除四害”已经是一个历史事件了,“历史”不应当代表着消失,反而应当经常回顾,使我们获得经验和教训,使我们生存得更好一些。这套挂图就是我们回顾“除四害”的一个点,合理也好,荒唐也好,这一刻,它就这样真切地映照着我们的视觉。

偶然遗留下来的生活细节

我努力搜寻漂亮图片的几年里，不经意中也收集到了一些有意思的商业广告图片。因为印制精美，而且颇有情趣，所以也不时翻看。近日从众多的杂图中专门翻捡出来，居然有数百张之多。

这是一个美好的时代，使我们普通人也有机会收集一些与自己生活有关的或者一些值得自己珍藏的带有某种情结的纸片。古人有"敬惜字纸"的说法，我想主要有两层意思：一是因为字纸代表文化，某种程度上还代表历史——人类从口传心授进入字纸时代，是集中了无数人数千年的才情和智慧才得以实现的。二是虽然有了字纸，但并非每一个人都有机会享受这些字纸，它们向来都是少数特权者的专利品，直到近代才有所改变。由此来理解，"敬惜字纸"四个字就把道理和心境都表达清楚了。

我当然庆幸我生活在这个美好的时代。我不但读了书，能享用字纸，而且还试图更多地享受一些。

细视之下，这些广告图片，居然大多是上世纪五十年代的东西，具有很明显的时代的特点，很有意思。有些什么意思呢？我认为至少

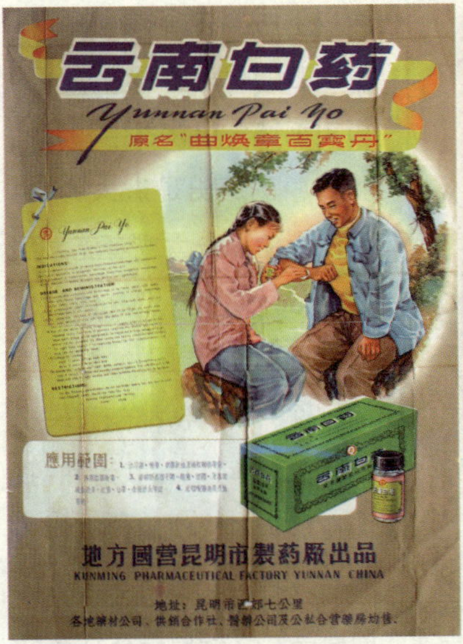

"云南白药" 张贴广告

《苏中友好》杂志征订广告

1955 年中国百货公司上海采购供应站编制的《商品目录》之"纤维织品"宣传册

有以下两个方面：

1955 年中国医药公司广东省公司《成药使用手册》刊载的药品广告

它们记录着那个时代的历史细节。留在书中和我们脑海中的历史是宏大的，也是庞大的，宏大或者庞大到似乎与我们每一个具体的人无关。这些广告图片，我想就是那个时代鲜活的一朵小花，它至少可以让我追问：我们在那个时代使用什么样的商品或者可能使用了什么样的商品？这些商品在什么样的地方被什么样的厂家生产？这些商品还存在吗？这些厂家还存在吗？这些厂家和商品在当时处于一个什么样的地位？等等。值得我们追问的问题还不少。

它们的出现是偶然的。这些广告纸片之所以能被留下来，当然也是偶然性的结果，并不是说它一定值得留下来，但它留下来了就有自己的意义。正如过去的某棵小草或者某朵小花，被一双手无意或有意摘下来了，夹在书本中，若干年后又无意中翻到它了。但翻到它也并不意味着它就留下来了，更多的情况是，它被随手丢了。我并不希望这些图片又被随手丢了，我有什么办法呢？

说具体一点，这些图片还记录着 1950 年代我们生活中的商业或者广告的细节。

为了更好的理解它们，我曾经在网上或者书本里寻找一些关于

1957 年中国畜产公司云南省分公司编印的“捕捉野生动物，剥皮卖给国家出口换回工农业建设器材！”宣传单

捕捉野牲动物，剝皮卖給國家出口换回工、农业建設器材！

野牲動物的皮張是縫制皮大衣、皮衫、皮帽的珍貴材料。一向為國外歡迎，成為我國出口主要商品之一，如：出口黄狼皮**80**張可换一公噸汽油。草兔皮1,600張可换一公噸鋼材，水獺皮256張可换一部拖拉聯合收割机。由此可見國家收購野牲雜皮出口對工、農業建設起着很大的作用，為了爭取更多的外匯，以便从國外購進各種器材加速國家的建設。老鄉們應積極獵捕野牲動物剝皮賣給供銷合作社，既能增加收入，又能除害保護莊稼，促進農業手收。

要使野牲皮張的品質好，多賣錢，在捕捉時注意減少槍傷和刀洞，更重要的必須在冬季進行獵捕生產，因这時農村生產較閒，可以抽出人力専門从事捕捉。同時因冬季氣候寒冷，野牲動物隨着自然氣候關係，这一期間毛絨比平時長得丰足，皮板也潔淨而有彈性，因此，為生產品質最好的一个季節。

野牲皮剝皮方法：除狐狸皮和水獺皮必須由頭部成圓形剝下（一般稱甬子），剝時要保持頭尾，四肢完整，刮淨肉質、油脂、除去腿、尾的硬骨晾乾。

其他野牲剝皮方法：一律應用刀从嘴下部取直線割至肛門，挑開四腿為開板，剁去蹄爪，抽出尾骨，除淨肉質，油脂和耳骨，将皮按原狀拉平晾干為長方形。晾皮時切忌在烈日中曝晒或受烟燻、火炕和受潮濕。

中國畜產公司云南省公司編印

一九五七年八月

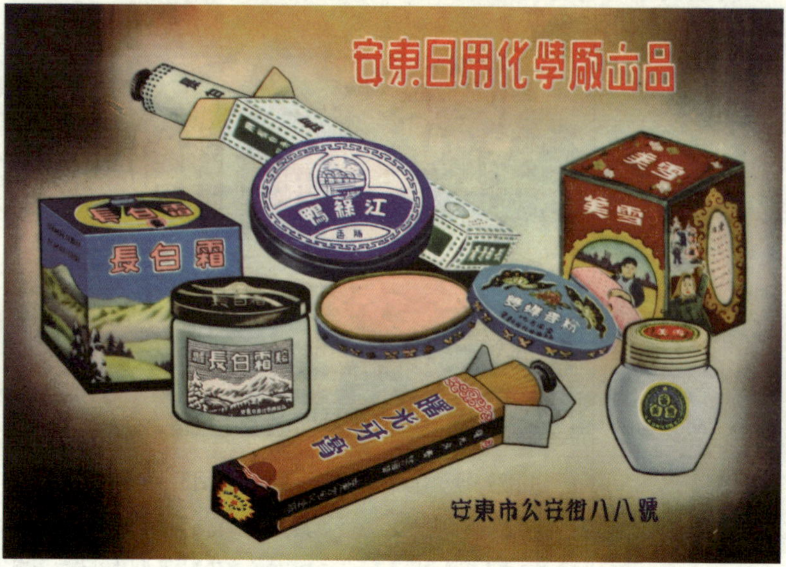

安东日用化学厂出品的长白霜、鸭绿江香脂、曙光牙膏、双蝶香粉等广告

公私合营都锦生丝织厂出品的绸伞、台毯等广告

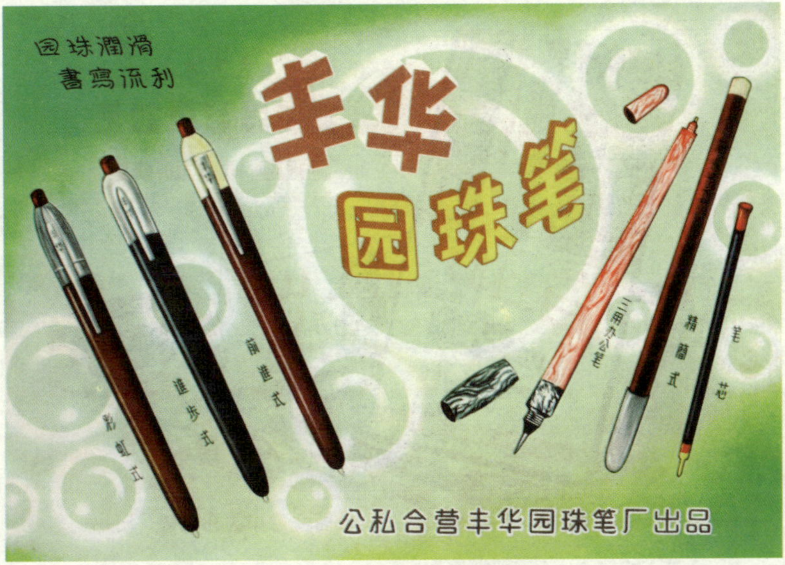

公私合营丰华圆珠笔厂出品丰华圆珠笔

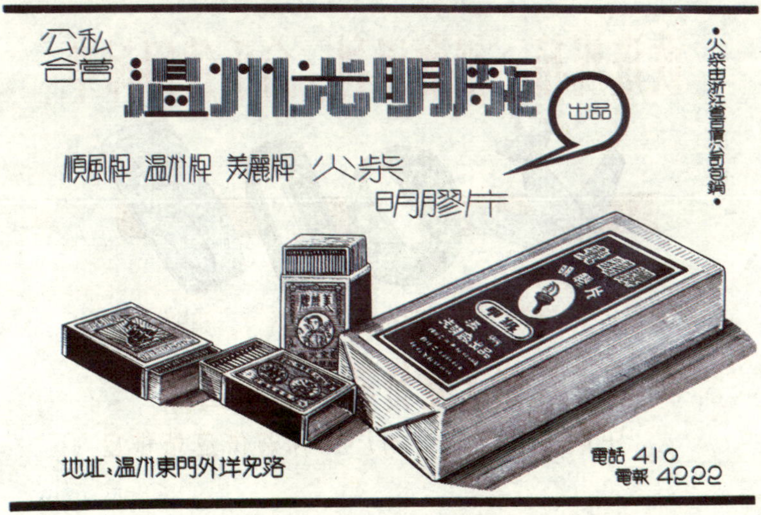

公私合营温州光明厂出品的顺风牌、温州牌、美丽牌火柴广告

公私合营中国铅笔二厂出品的三星彩色铅笔、长城花杆铅笔

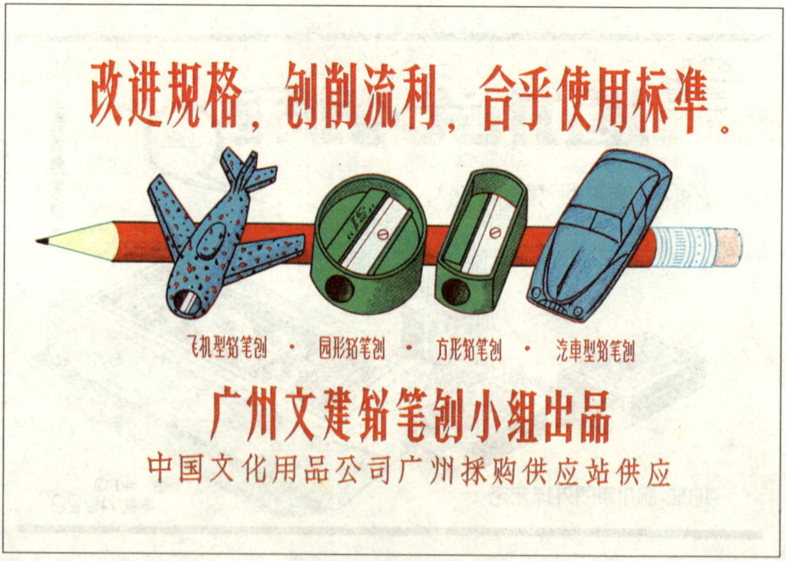

广州文建铅笔刨小组出品的铅笔刨

建国文具制造股份有限公司出品的建国牌印台、印台油、胶水

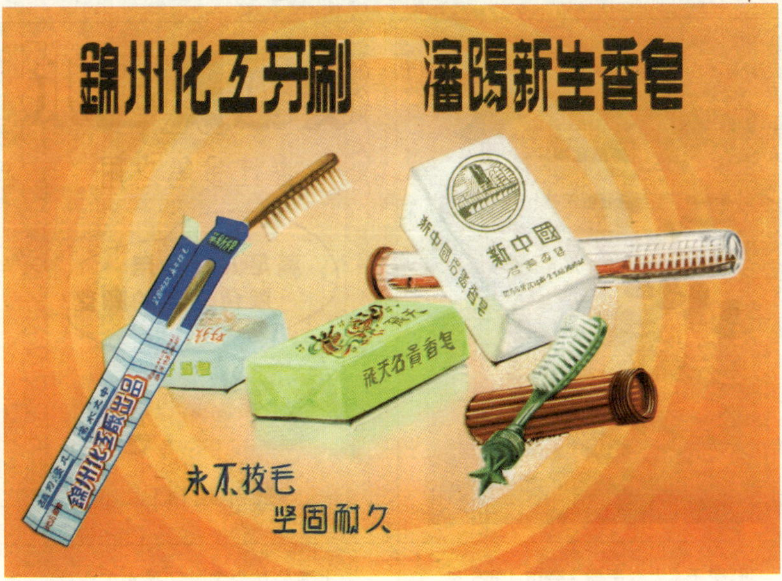

锦州化工牙刷、沈阳新生香皂广告

那个年代的商业广告的资料，但很显然，难以找到。商业广告的历史悠久了，可以不管，但历史上最热闹的两个广告时代却不能不提起来，一个是民国时期，一个就是改革开放后到现在。在这两个时期中间的新中国建立之初及“文革”期间，商业广告很是不够。主要原因当然与当时的政治和经济环境有关，彼时，我们的经济生活经过公私合营及国有化改造，生产的商品都统购统销，社会形态也进入了计划经济时代，广告的受限自然不能回避，甚至于到“文革”期间很少出现商业广告。

但 1950 年代的商业广告还是在一定范围内存在的。1955 年 6 月 18 日，《人民日报》发表了一篇《反对刊登广告中铺张浪费现象》的文章，细读其文，一方面说明当时的商业广告还不少，尤其是在报刊中刊登的，另一方面也说明反对是有道理的，尤其是所谓的机关部门和地方政府性质的广告，实在没有必要。直到前些年，那些所谓大报

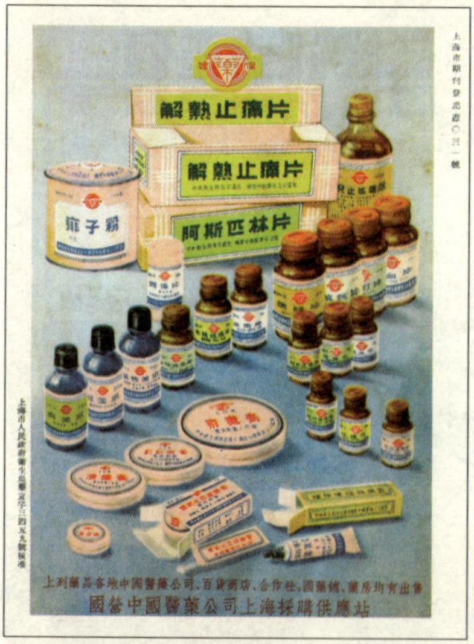

刊登于《大众医学》杂志 1955 年 3 月号封底的药品广告

上海公私合营长江墨水工业社出品的长江黑墨水

里的地方性的行业性的大幅空洞广告也大量存在，目的主要是利用资源赚取钱财，使人很不以为然。

1959年，国家商业部发出了一个《加强广告宣传和商品陈列工作的通知》，明确指出当时广告业的宗旨就是为人民服务，这说明当时的生活还是需要或者存在广告的。《通知》还明确了广告业的任务，也很有时代特点，列举如下：

1. 广告向城乡人民传播商品知识，有计划地指导人们消费，提高人们生活水平，为消费者服务；

2. 积极地宣传生产部门的产品，以促进生产的发展和产品质量的提高，为生产部门服务；

3. 宣传商业部门特别是批发环节所经营的商品，以协助调剂商品数量，密切供货与销售单位的关系，促进商品分配对路，为商品流通服务；

4. 不断地宣传新商品和改进商品质量，以反映国家工农业商品生产的发展水平；

5. 配合国家政策、政治运动进行宣传，并通过广告的艺术形式来美化商品和市容，丰富人民的文化生活。

从中可以看出，当时商业广告要求“配合国家政策、政治运动进行政治宣传”。从我手中的这些东西看，显然是无法具体而直接地体现以上政治要求的，商品毕竟是商品。在当时的少数人眼中，商业广告还被认为是资本主义的东西。其后的“文革”时期，商业广告几乎陷于绝境。另一方面，商业广告还被一些人有意或无意地归入“四旧”或者“封、资、修”之内，其结果可想而知。

现在的旧书市场或者收藏市场上，我们能见到很多民国时期的商业广告纸片，却较少能见到建国初期的广告纸片。我在一本《中国广告史》里查找，里面有很多内容都是民国的，而且有生动的细节和

上海华光线厂出品的力士牌木纱团、上海和丰线厂出品的蚕蛾牌木纱团、上海华鑫线厂出品的福桃牌木纱团

上海市第二印刷工业公司出品的 1958 年各种笔记本

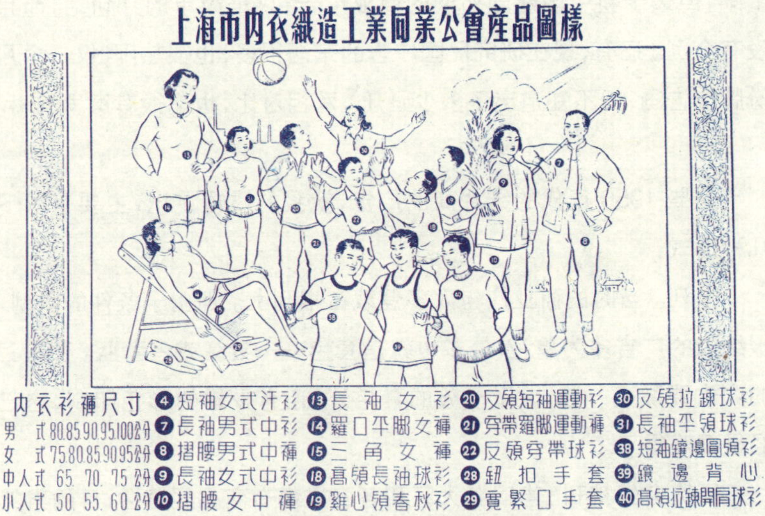

上海市内衣织造工业同业会产品图样

浙江嘉兴同源福电池厂出品的牛牌干电池

个案，但关于新中国建国初期的商业广告，只是简单的几句话，而且没有个例。还有，现在研究民国广告的东西很多，也很热闹，仅一个月份牌广告画，就不知道出了多少画册。两相对比，也是很有意思的事。

这些 1950 年代的纸片商业广告，就我的浅短见识，主要有以下几种形式：

报刊。当时的商业广告大多登载在报刊上。但由于条件的限制，报纸上的广告多为单色，最多也就是套色——套红或者套蓝。杂志上的广告要漂亮一些，除了一般的套色外，还有少量的彩色印制，这已经是很难得了。

展览会的特刊。当时各大区和各省市都有商品展览会，目的当然是为了方便交易。这些展览会大部分情况下会编辑特刊或会刊，里面有不少广告，帮助人们认识当时的商品。

广告张贴画。这些画显然印制精美，多为彩色，是人们的喜欢之物。实际上，它们到了普通老百姓的手里，往往用作他处。我手中的几张，都曾经用去包书了。

商品目录和样本。这是当时最重要的商业广告，多为十六开本的彩印，这很难得。我收集或经手的 1950 年代的画册，即使像《十年中国绘画选集》（1949—1959 年）这样具有文献价值的画册也不能全部彩印。当时能够彩印的印刷品主要就是具有政治宣传功能的宣传画和兼具政治教化和民俗娱乐的年画（包括年画缩样）、部分精美的画册画刊以及部分少儿读物外，除此之外，能提上来的可能就是这些商品目录和样本了。它们印制精良，装订成册。在 1958 年至 1960 年期间，很多有影响的画册多用草纸印制，但这些商品目录和样本却仍然是用厚实的纸张印制。包装多用硬皮装，一些广告画页与页之间还有一层半透明的玻璃纸保护，就像当时很多书前的伟人像那样。不过，

中国百货公司浙江省公司包销的各种品牌缝纫机经销广告

这些广告并不到普通消费者的手中，它们主要是商业部门，也就是具有行政性质的百货公司及一些行业协会制作，下发给基层的百货公司或者供销社参照订货。

这些商业广告的画法也具有 1950 年代的特点。它们单纯、直观、朴素，也就是直截了当地画出商品的形象来，也有一些使用商品的情景画。这种画法的好处是使人一目了然，一眼就看出商品是什么样子的，夸张的成分减少，而且那个时代的商品，似乎也用不上夸张的广告。一些比较大型的商品，如机器、器械等，则主要用实物照片来反映。照片多为黑白，现在看来，视觉效果很不怎么样，但在当时，能见到照片也是很不错的东西了，因为它更能真实地反映商品。

1958年的广州中医药老字号

广州中医药历史悠久,老字号众多。

不少老字号从明代就创始传承了。当时,一些商人开设药铺制售熟药,多数为前店后厂的格局,这种既制药又卖药的店铺一般被称之为"堂",比较著名的有陈李济杏和堂、何弘仁堂、佐寿堂、何明性堂、陈李昌药肆等。

清代早期,广州中医药业形成南北、西土、参茸、熟药、药片、樽头、草药、生药八个自然行业。他们各有不同的集散地和行会,中药制造归入熟药行。在这一阶段,新兴起的店铺有公功堂、集兰堂、万春堂、梁财信、敬修堂、冯了性、马伯良、广芝馆、存仁堂、王老吉、瑞草堂、刘贻斋、橘花仙馆等。

有意思的是,鸦片战争时期,广州的中医药业更是突飞猛进,新开业的有梁和昌药社、保滋堂、卢畅修堂、黄贞庵、济春堂、康寿堂、岐生堂、迁善堂、善德堂、陈燃氏、邓可安堂、潘高寿、潘人和堂、长春洞、卢薛昌堂、岐寿堂、橘香斋、李众胜堂、两仪轩、罗广济、梁广济、万春园、百昌堂、吴一堂、马百行、何天福、奇和堂、张安昌、高伯芗、何世昌、邬福至、太和洞、崇佛氏、唐人、广恒芳、杏林堂、百成、黄体超、梁天民、润生氏、江伯超、梁济时、梁永馨、杏芳园、寿和堂、蛇王福、燮和堂、万寿堂等。据专业人员的统计，当时熟药（包括膏丹丸散）店铺就有 1260 间，生药铺 92 间，参茸店 68 间，药油店 31 间，药酒店 6 间，戒烟药料店 42 间。

二十世纪初，广州中医药业一些老字号迅速壮大，并向外发展。如，当时的陈李济药厂已拥有 300 多员工，70 多个产品，先后在香港、上海、潮安开设支店，民国二十四年（1935 年）征税时，陈李济自报本银 60 万元。马伯良药房先后在汕头、江门、香港、澳门等地以及泰国、新加坡、印度尼西亚等国设粤东马百良药房。梁财信医馆在佛山、顺德、香港、上海等地也设有分店。潘高寿、李众胜、迁善堂、王老吉等老企业在海外都有分支机构，等等。但从 1938 年 10 月日本侵略军进攻广州始，广州的中医药业受到严重破坏，店铺药厂关门停业，另谋出路。抗战胜利后，广州医药工业恢复缓慢，加之国民党发动内战，通货膨胀，货运不畅，社会经济不稳定，大部分最终败落。最有名的例子是，保滋堂一次售出 10 万元关金券的药品，一会儿就只值 1 万元了。全行业侥幸能维持到广州解放的只有 105 家工业企业，而大部分则挟资去了香港，留下的企业只是一个空壳。

新中国成立后，广州医药有了较快的恢复和发展。从 1950—1953 年，成药工业总产值在全市的比重由 3.4%增加到 7.1%，居全国各大城市首位，新药仅次于上海居第二位。在商业方面：1951 年 6 月成立中国医药公司广东省分公司（广州市医药公司的前身），1952 年 12 月成立中国医药公司广州采购供应站，1955 年 4 月成立广州市药材公司，国家开始对广州医药的生产和流通实施计划管理，并逐步建立起一批国营医药、药材商店，控制了批发业务。

1950 年代中期，国家对私营工商业进行社会主义改造。广州

211 家药业户按照产品剂型相近，业户条件优劣搭配、长短互补的原则，组合成 11 间公私合营中药厂和 16 间公私合营化学制药厂。此后，广州医药工业经过调整、改组，陆续撤销、合并一些重复生产的企业，更改企业名称，至 1980 年形成一批以老字号为主体的较大规模骨干企业，中药系列有一至九厂，西药系列有第一至第七制药厂，商业系列有两个公司一个站……

近年来，我从网上购到不少商品目录、样本和广告，其中有一本 1962 年广州市药材公司发行的商品目录很有意思。这本目录横十六开本，里面不但有十多张广告画，而且还有许多文字资料，对于研究 1960 年代初的广州中药老字号有很好的史料价值。据我初步统计，当时的广州中药业老字号尚存约 100 家，生产药品约 286 种（每一种药品的规格、参考价、包装方式、适应范围都在目录册中详细列出）。只是这些老字号和药品，在“文革”期间受到极大的冲击，很大部分现在已不复存在了。现按照目录册的排列顺序作个介绍或者回顾，算是留个存照（另有大同兽药厂、农林制药厂的内容没有列入）。

陈李济联合制药厂

陈李济联合制药厂，主要由陈李济、何弘仁、冯致昌、伟氏、燮和堂、橘香斋组成。陈李济据说在明朝万历二十七年（1600 年）就产生了。传说商人陈体全回家乡收货银返回广州时，将货银遗落在船上，被一位谙熟医道开中草药店的郎中李升佐捡到，并还了陈。陈体全为李升佐的为人感动，将货银的一半投资于李升佐经营的中草药店，两人写下合伙文书：本钱各出，利益均沾，同心济事，长发其祥。并将店号定名为陈李济，意为陈李二人同心济世。从这个时候起，陈李济的店号就

陈李济壮腰健肾丸广告

在广州城南双门底(现北京路)挂起来。陈李济杏和堂的封号也很有来头。据说同治皇帝有一次感冒了,并伴有腹痛,吐泻不止,御医们一时没有奏效的办法,于是合议试服陈李济所生产的“追风苏合丸”,效果果然明显,皇上高兴了,于是钦赐“杏和堂”三字为封号。从十九世纪末,陈李济的命运像许多其他老字号一样,随着中国的命运起伏变幻。1900 年英法联军入侵,广州老铺毁于炮火。1937 年日本侵华战争爆发,生产中断。建国后 1954 年进入公私合营时期,以陈李济为主厂,先后并入冯致昌、何弘仁、燮和堂、橘香斋等药厂组成“广州陈李济联合制药厂”。1967 年,“文革”期间,陈李济联合制药厂被改为广州中药二厂。1980 年 9 月经批准恢复“广州陈李济药厂”厂名和“杏和堂”商标。

1962 年陈李济联合制药厂共由 6 家药厂组成，共生产药品 38 种,其中陈李济 31 种,何弘仁 1 种,冯致昌 1 种,伟氏 1 种,燮和堂 1 种,橘香斋 3 种。

敬修堂联合制药厂

敬修堂联合制药厂，主要由敬修堂、邬福至、张安昌、佐寿堂、万灵堂、罗泽礼、罗芝庭、何贞菴、公功堂、黄贞菴、李英泉、彭容祺、梁天民组成。敬修堂已有数百年的历史。据传，清朝乾隆年间，浙江商人钱树田，经常从杭州贩运丝绸到广州，因为他是个医生，喜欢自制丸散膏药。有一次，他用“回春丹”治好了一富商的儿子，富商感激救子之恩，出资助其开办药厂。1790年，敬修堂钱树田中药厂在广州城南门挂牌营业，据说厂名就是这位巨商赐予的。该厂初时经营的园田牌药品以回春丹、如意膏为主，产品都是经过精心炮制的，疗效好，受到一致推崇。到了清道光年间，敬修堂业务和规模有了发展，生产工艺和

敬修堂回春丹、如意膏广告

管理日渐改进，成为在中外享有一定声誉的中成药厂。1956 年，以敬修堂钱树田中药厂为基础，与其他私营企业合并，组成了公私合营敬修堂联合制药厂，后来又改造成为国营广州敬修堂药厂。

1962 年敬修堂联合制药厂共由 13 家药厂组成，共生产药品 36 种，其中敬修堂 17 种，邬福至 5 种，张安昌 1 种，佐寿堂 1 种，万灵堂 2 种，罗泽礼 2 种，罗芝庭 1 种，何贞菴 1 种，公功堂 1 种，黄贞菴 1 种，李英泉 1 种，彭容祺 1 种，梁天民 2 种。

岐生堂联合制药厂

岐生堂创办于清末。由于没能找到更多的资料，所以其具体的创办和发展情况无从得知。根据 1951 年 1 月填报的《广州市制药工业

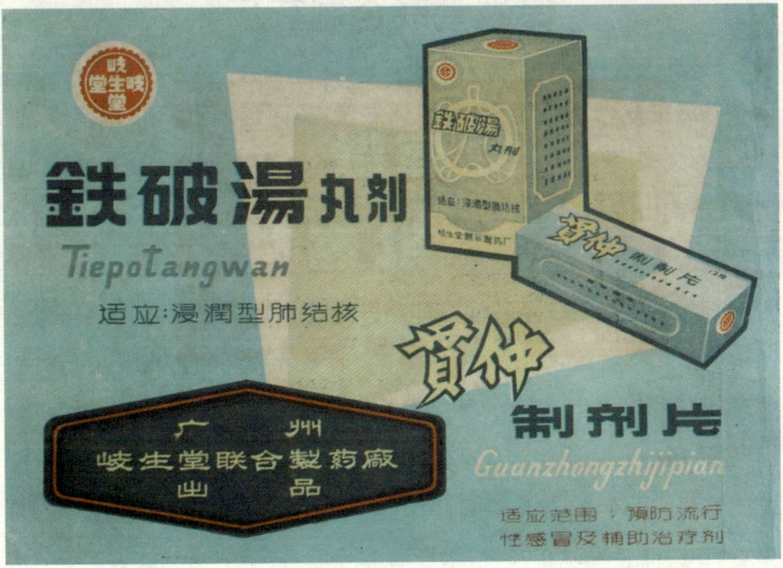

岐生堂铁破汤丸剂广告

同业会入会申请书》，岐生堂的当时的资本额为人民币6650万元（旧币，折合新币6650元），职工22人，而当时敬修堂的资本额为人民币1.81亿元（新币1.81万元），职工14人。由此可以看出，当时的岐生堂规模不小。1956年，岐生堂进行社会主义改造，成立了岐生堂联合制药厂，1965年，联合制药厂改名为广州中药五厂，1979年，广州中药八厂并入中药五厂，1981年，中药五厂改名为广州奇星药厂，1993年，与港资合资组建广州奇星药业有限公司。应该说，奇星药业的前身主要是岐生堂药厂。

1962年的岐生堂联合制药厂，由于商品目录册中缺失了部分资料，因此究竟由哪些店铺药厂构成无法明确，留下来的主要是岐生堂的部分（27种）中药产品。

保滋堂联合制药厂

保滋堂联合制药厂，主要由保滋堂、梁财信、黄中璜、卢畅修、崇佛氏、刘贻斋、集兰堂、广芝馆、善德堂、高伯芗、迁善堂、橘花仙馆、百昌堂、苏南山等店铺药厂组成。保滋堂药店创办于清初广州，创始人为番禺人潘务庵。潘务庵聪明好学，博览经史，后潜心医学，以儿科驰名。康熙八年（1669年），他在广州开办保滋堂，以“保婴丹”最有名。他积多年儿科经验，创出医治小高热、痰多、惊厥的验方，所用药材包括珍珠、牛黄、冰片、麝香、琥珀、朱砂、蝉虫、天麻、天竹黄、白僵蚕、全蝎、防风、钩藤、白附子等。保婴丹面世后，由于疗效显著，出现供不应求的局面。另传说，道光年间，两广总督一位亲人的婴儿突发高烧，时突发惊厥，而且喉咙多痰，经潘氏喂其保婴丹，不一会儿就好了。于是两广总督亲笔题写“养和树德”四字，制成牌匾，送给保滋堂。从此，保

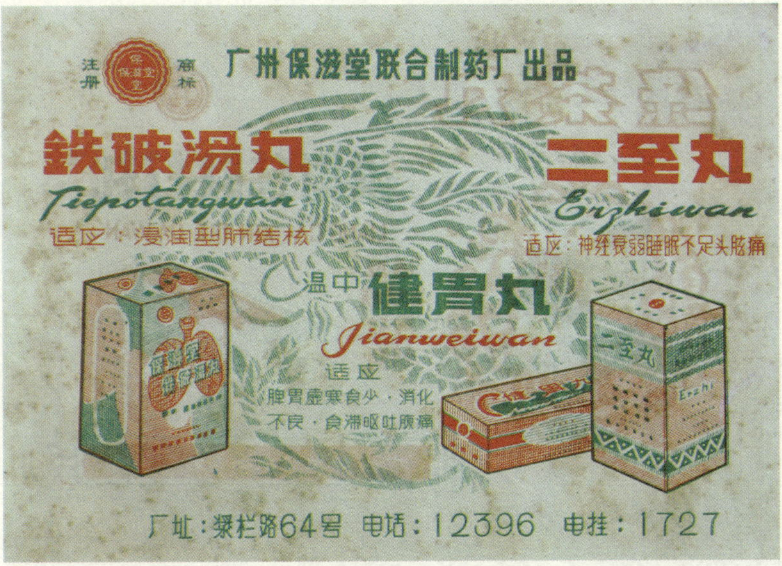

保滋堂铁破汤丸、二至丸等广告

高伯芗肚痛散等广告

梁财信跌打丸等广告

滋堂及其保婴丹更广为人知。1938 年，广州沦陷前夕，保滋堂停业，抗战胜利后复业，新中国成立前夕，保滋堂已仅存一息了。1956 年，经社会主义改造，广州的保滋堂与十多家药店合并为保滋堂联合制药厂，后改为广州中药一厂。

另，保滋堂联合制药厂的成员黄中璜药店，创建于清朝 1662 年，比保滋堂还早(1669 年)。广芝馆、集兰馆、梁财信、刘贻斋也有百年以上的历史。这些药店以个人名字或别名作号，在当时都享有盛名，是有名的老字号。

广州中药一厂的有关资料概括了保滋堂在新中国成立后的发展情况：

(1)1956 年 6 月 1 日由保滋堂、崇佛氏等 8 个私营厂合并组成公私合营保滋联合制药厂，同年 7 月再并入子记、祥记等 5 个小厂。

(2)1956 年 6 月由迁善堂、橘花仙馆等 7 个私营厂合并组成公私合营迁善堂联合制药厂。

(3)1956 年由私营马伯良、江伯昭等 10 间厂组成公私合营马伯良联合制药厂,1964 年改名为利群药厂,1966 年改名为广州中药四厂。

(4)1961 年 9 月公私合营保滋堂联合制药厂、公私合营迁善堂联合制药厂及地方国营为群磨粉厂三家企业合并成为"保滋堂联合制药厂"。

(5)1965 年 10 月广州医药行业进行了调整,中、西药厂实行分开局级管理,成立了广州中药制药总厂。同时为贯彻当时的破"四旧",立"四新"的指示,属下企业名称按数字排列,保滋堂联合制药厂则改名为广州中药一厂。

(6)1977 年 7 月,广州中药一厂和广州中药四厂合并,延用"广州中药一厂"的名字。

(7)1988 年经广州市人民政府批准,广州中药一厂与香港华顺公司合资,成立了同行业中第一家中外合资企业——广州中富药业股份有限公司。1997 年由广州中药一厂等 11 间名优企业组成广州药业股份有限公司,在香港以 H 股上市。1999 年后,广州中药一厂吸收合并了广州众胜药厂,并改为公司制,成立广州中一药业有限公司。

1962 年保滋堂联合制药厂共由 14 家药厂组成,共生产药品 81 种,其中保滋堂(缺部分)16 种,梁财信 5 种,黄中璜 1 种,卢畅修 2 种,崇佛氏 6 种,刘贻斋 2 种,集兰堂 13 种,广芝馆 9 种,善德堂 9 种,高伯芗 2 种,迁善堂 9 种,橘花仙馆 4 种,百昌堂 2 种,苏南山 1 种。

马百良联合制药厂

马百良联合制药厂，主要由马百良、江伯昭、两仪轩、蛇王福、叶联合、黄体超、奇和堂、梁济时、杨桐竹林、公生、徐宁远等店铺药厂组成。马百良始创于清朝道光二年(1822年)，至今已有近200年历史。祖铺设于广东佛山市，专门研制各种古方成药，包括膏、丹、丸、散、茶、油、酒等成药。各种药品皆疗效可靠，为一般人所喜用，最畅销有安宫牛黄丸、清心牛黄丸、人参再造丸、追风苏合丸、乌鸡白凤丸、经期肚痛丸及儿科良药珠珀七厘散、八宝盐蛇散、万应保婴丹、八宝惊风散等，这些药品直到现在仍是为人信赖的药品。1956年，马百良、江伯昭等组成公私合营马百良联合制药厂，1964年改名为利群药厂，1966年改名为广州中药四厂，1977年，中药四厂并入广州中药

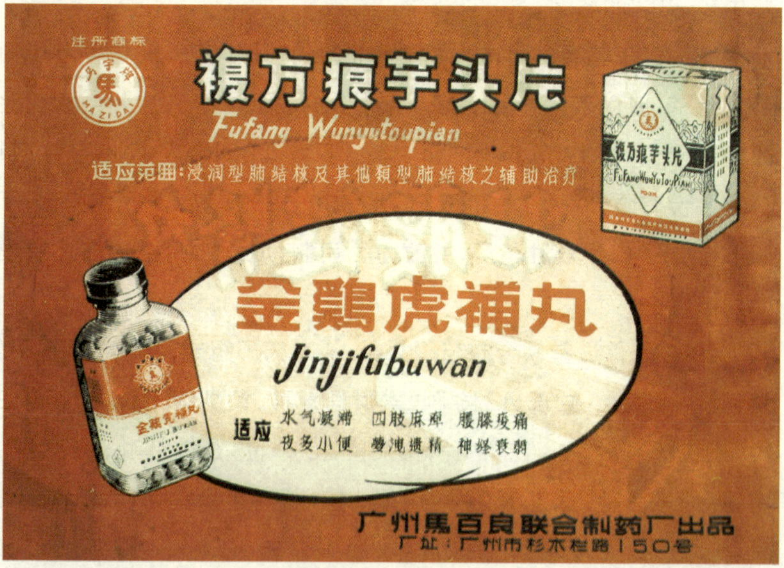

马百良金鸡虎补丸等广告

一厂。

1962 年的马百良联合制药厂共由 11 家药厂组成，共生产药品 43 种，其中马百良 23 种，江伯昭 3 种，两仪轩 2 种，蛇王福 3 种，叶联合 1 种，黄体超 1 种，奇和堂 1 种，梁济时 4 种，杨桐竹林 3 种，公生 1 种，徐宁远 1 种。

潘人和联合制药厂

潘人和联合制药厂，主要由潘人和、两仪轩、梁财信、冯了性、梁广济等店铺药厂组成。潘人和创始于清末（1897 年）。由于条件所限，没能找到更多关于潘人和的资料。1956 年，潘人和、冯了性等中药店铺公私合营，组成潘人和联合制药厂，1965 年改名为广州中药八厂，

潘人和、冯了性等药品广告

1979 年，中药八厂并入中药五厂，1981 年，五厂改名为广州奇星药厂。

联合制药厂的成员冯了性也是著名的老字号。冯了性(1630—1695 年)，祖籍广东新会，因其父粗通医道和药理，创制了一种医治风湿跌打等病的药酒，称为万应药酒。初为自用，后发现疗效确切，遂于明万历年间将药铺迁到佛山经营。冯了性自幼随父母生活，生性好学，并受虔诚礼佛的父母影响，向往佛学，青年时一度削发，游名山访名医，因在出家期间获赐法号“了性”而得名。冯了性怀济世情怀，潜心多年研究配制而成的药酒，由二十多种药材组成，能驱风除湿，活血散淤，理气止痛，在治疗风湿骨痛、手足麻木、四肢酸软、腰腿痛、跌打撞伤及积淤肿痛，效果显著。

1962 年的潘人和联合制药厂共由 5 家药厂组成， 共生产药品 11 种，其中潘人和 7 种，两仪轩 1 种，梁财信 1 种，冯了性 1 种，梁广济 1 种。

潘高寿联合制药厂

潘高寿联合制药厂，主要由潘高寿、大同等店铺药厂组成。潘高寿始创于清光绪十六年(1890 年)，至今已有一百多年历史，以生产治咳药驰名。1993 年转制为广州潘高寿药业股份有限公司。现主要生产糖浆剂、口服液、煎膏剂、颗粒冲剂、中药合剂等六大剂型上百个品种，包括治咳药系列、妇、儿用药系列以及治疗肝炎、肾炎、胆囊炎等多种疾病的药物。其中蛇胆川贝液、蛇胆川贝枇杷膏、治咳川贝枇杷露等深受人民的信赖。

1962 年的潘高寿联合制药厂共由两家药厂组成， 共生产药品 6

潘高寿枇杷露广告

种，其中潘高寿 5 种，大同 1 种。

王老吉联合制药厂

王老吉联合制药厂，主要由王老吉、冯惠农、常炯堂、康寿堂、存仁堂、嘉宝栈、陈燃氏、卢薛昌等店铺药厂组成。凉茶是两广地区的一种由中草药熬制的具有清热祛湿等功效的“药茶”。在众多老字号凉茶中，以王老吉最为著名。王老吉凉茶由广东鹤山人王泽邦（乳名王吉）创始于清道光年间（1828 年）。当时王在广州十三行靖远街开设凉茶铺，经营碗凉茶。凉茶铺附近都是些码头搬运工、黄包车夫以及来往客商，人们头痛身热、咽喉肿痛、大便秘结时，喝上一碗凉茶均能药到病除，王老吉便声名远播。后王老吉制成了纸包装的凉茶以方便

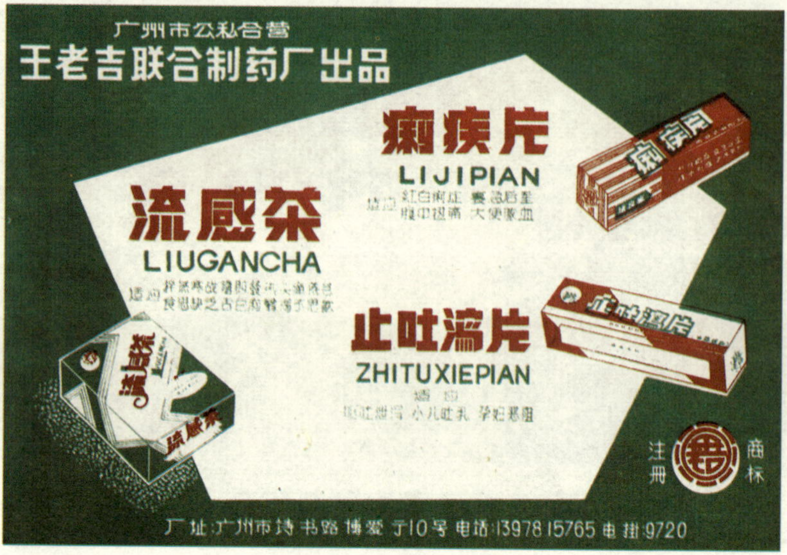

王老吉流感茶等广告

携带，这就是最早的王老吉药厂。1950 年代初，王老吉凉茶铺分成两支。一支于 1956 年与其他多家中药厂合并，由于王老吉药厂资产和员工数最多，因此以王老吉命名，称为王老吉联合制药厂，“文革”期间，王老吉药厂改名为广州中药九厂，王老吉凉茶也改名为广东凉茶，1982 年中药九厂改名广州羊城药厂，2004 年改为今天的王老吉药业股份有限公司，生产王老吉凉茶颗粒（国药准字）。另一支由王氏家族的后人带到香港。现在的王老吉“三分天下”：在中国大陆，王老吉的品牌归王老吉药业股份有限公司所有；在中国大陆以外的国家和地区，王老吉品牌为王氏后人所注册；而位于东莞的加多宝则是一家港资公司，经王老吉药业特许，由香港王氏后人提供配方，该公司在中国大陆地区独家生产、经营王老吉牌罐装凉茶。

1962 年的王老吉联合制药厂共有 8 家药厂组成，共生产药品 19 种，其中王老吉 11 种，冯惠农 2 种，常炯堂 1 种，康寿堂 1 种，存仁堂 1 种，嘉宝栈 1 种，陈燃氏 1 种，卢薛昌 1 种。

李众胜联合制药厂

广州李众胜联合制药厂主要由李众胜、唐人厂、马百行、太和洞、何明性、普生园、蛇王满、广杏林、王鉴堂、生茂泰组成。李众胜堂的创始人李兆基，生于清代光绪年间。李家境清贫，靠卖草药凉茶为生，乐意助人，深得人们的敬重。据传说，李在梦里得到高人给的一个方子，他按药方制成药丸，取名“普济丸”，其药效很灵验。后来，他在街面上开了一个店，号李众胜堂，专营普济丸。李兆基晚年得子，后子承父业，将普济丸更名为保济丸，自此，李众胜堂和保济丸便在民间流传开来。

李众胜保济丸广告

李众胜化痔膏等广告

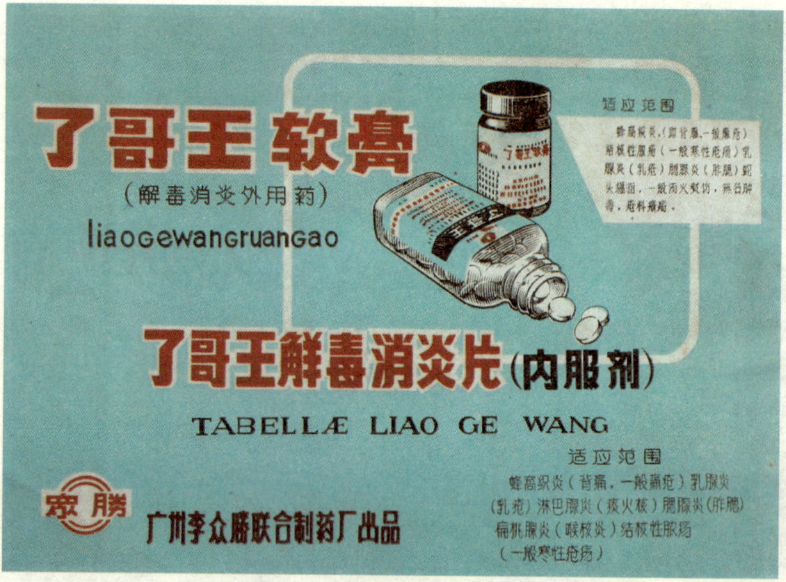

了哥王药品广告

1962年李众胜联合制药厂共由10家药厂组成，共生产药品25种，其中李众胜7种，唐人厂1种，马百行3种，太和洞2种，何明性1种，普生园1种，蛇王满7种，广杏林1种，王鉴堂1种，生茂泰1种。

药品的经销

1962年，我国主要实行计划经济，最明显的特征是厂家按国家计划生产，产品由商业部门（百货公司、医药公司等）经销，产销是分开的。在这册目录的第二页有一份《购货简则》，也许从中可以看出当时经销情况。摘录如下：

1. 本价目表所列价格，为广州市仓库交货的批发价格，内部调拨按内部作价原则处理，牌价如有更改，恕不预先通知，以我司当日牌价为标准。

2. 本市市内购货不论任何单位货款超过三十元，一律用支票结算，外地单位，以银行托收承付办法结算。

3. 代客装箱，力求坚固稳妥，凡调出外地的糖浆、酊水、酒类的成药材途耗百分之六，其余羔（膏）、丹、丸、散、片类无途耗。

4. 买方购货，商品到达买方仓库十天内验收完毕，如有发现品质变坏者，即来信通知，由我司转知药厂研究处理，若超过验收期限其品质变坏或破碎短少等，恕不负责。

5. 某一品种购满原出厂规定的满一箱以上者，木箱不计价，一箱内混装两个品种规格以上或不满一箱者，木箱要另计价。运转费用（邮局、火车、渡船、汽车等运费）概由买方负担。

6. 购货单位务请详细在合同写明投寄地址（如某省、县、镇等门

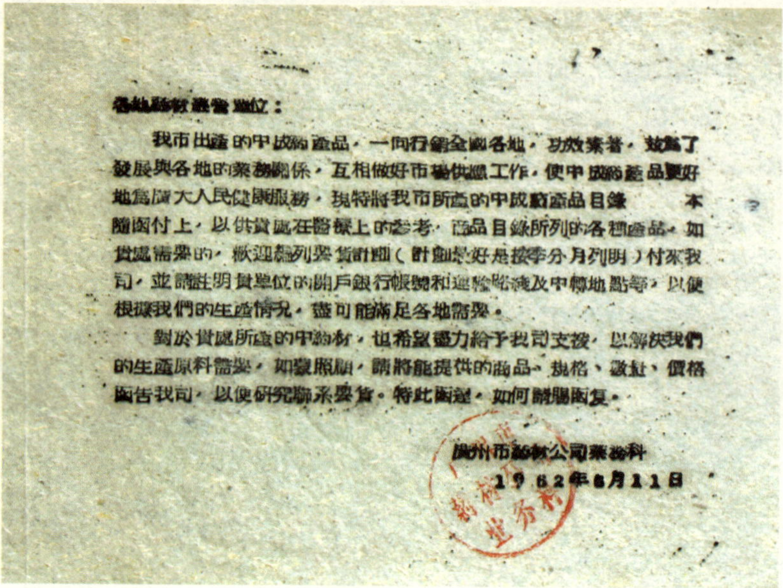

各地藥材經營單位：

我市出產的中成藥產品，一向行銷全國各地，功效素著，為了發展與各地的業務關係，互相做好市場供應工作，使中成藥產品更好地為廣大人民健康服務，現特將我市所產的中成藥產品目錄　本隨函付上，以供貴處在醫療上的參考，商品目錄所列的各種產品，如貴處需要的，歡迎編列要貨計劃（計劃最好是按季分月列明）付來我司，並請註明貴單位的開戶銀行帳號和運輸路綫及中轉地點等，以便根據我們的生產情況，盡可能滿足各地需要。

對於貴處所產的中藥材，也希望盡力給予我司支援，以解決我們的生產原料需要，如蒙照顧，請將能提供的商品、規格、數量、價格函告我司，以便研究聯系要貨。特此函達，如何請賜函復。

廣州市藥材公司業務科

1962年8月11日

经销《函》

牌号数)、银行帐号、电报挂号、运输工具，如需中途转运更须详细写明地点，以免失误。

另外，这本目录册里面还附有一张草纸油印的《函》，摘录如下：

各地药材经营单位：

我市出产的中成药产品，一向行销全国各地，功效素著。为了发展与各地的业务关系，互相做好市场供应工作，使中成药产品更好地为广大人民健康服务，现特将我市所产的中成药产品目录，随函附上，以供贵处在医疗上的参考。商品目录所列的各种产品，如贵处需要的，欢迎编列要货计划(计划最好是按季分月列明)付来我司，并请注明贵单位的开户银行帐号和运输路线及中转地点等，以便根据我们的生产情况，尽可能满足各地需要。

对于贵处所产的中药材，也希望尽力给予我司支援，以解决我们的生产原料需要，如蒙照顾，请将能提供的商品、规格、数量、价格函告我司，以便研究联系要货。特此函达，如何请赐函复。

广州市药材公司业务科

1962年6月11日

这张约三十二开的函是草纸印制的，说明当时经济条件的不景气，好一点的纸张很难得。

钢笔情结

我收集的十几种关于钢笔的广告，时间均为建国之初到“文革”之前。广告图片中的钢笔，有上海产的，有安东(丹东)产的，有大连产的，有广州产的，有哈尔滨产的。

想到小时候为了能获得一支钢笔，颇费了一些心思，将从四处收集来的笔帽、笔胆、笔头组合起来，成为了一支别样的合成品，插在衣袋里，在小朋友们面前走，很神气。只是这些笔多不能用，有时出墨，有时不出，有时还要甩几下，有时还蘸点唾沫，常常弄得满手满嘴的黑或者蓝，很有意思的记忆。上三年级了，终于用上了钢笔，具体的细节却记不清了。可见，不能得到或者难以得到的东西总使我们记忆深刻，同样，不好走的道路或者艰难的道路也总使我们记忆深刻。

还是回来说钢笔吧。钢笔是统称，其实包括金笔、铱金笔、钢笔诸种说法，小时候说的“水笔”或者“自来水笔”可更好概括它们。如果眼界看开一点，它们也是一个时代工业的见证。在我们没有相机、手表工业时，钢笔的制造似乎也代表着工业水平。当然它们的价格也不低，据说当时一支普通金笔的价钱相当于一个普通工作人员一个月的工资。只是这些曾经辉煌荣光的钢笔现在正悄悄地退出历史舞台，或者隐在热闹的水性笔后面，若有所失又无可奈何。

这些广告，正好可以见证它们最荣光的年代，也是数十年来人们对钢笔的图像记忆。

英雄、华孚、新民

这是 1950 年代上海华孚金笔厂生产的金笔广告。图片中有其生产的三种品牌的金笔，分别是英雄、华孚、新民。英雄品牌有 571、581、201 三种型号，当时著名的英雄 100 型还没生产出来，要不然也会列入其中。华孚有 572、402 两种型号。新民有 501、502 两种型号，它们在 1932 年就开始生产了，其中 502 不仅有金笔，还有铱金笔。

按说这张广告前面还有一张半透明的使用说明，但不知何故没有了。这张广告及以下的几张关于上海金笔钢笔的广告，都是从一位浙江的朋友那里得来的。它们都是从不同的书上拆下来的彩色广告画，并由曾经的主人订成一册自己欣赏，估计是 1950 年代商业部门的人专门收集的，时间流转，不想却到了我手上。

华孚金笔厂，也就是后来的英雄金笔厂。它创建于 1931 年 10 月，初期是个弄堂小厂，生产新民、合群两种牌号的金笔。当时的新民金笔采用黑色胶木料外壳，吸水结构为扳水弹簧式，型号有 501、502、503。1932 年又生产华孚金笔，其式样参照老式派克，杆套用赛璐珞料，而重要的笔尖生产技术却由日本技师掌握，很是无奈。八一三战争爆发后，华孚金笔厂部分厂房被毁。1938 年，上海成为“孤岛”，华孚金笔厂利用抢救出来的机器、原材料，租赁了科学仪器馆三楼恢复生产，而且得到了发展，职工从 20 人增至 70 多人。抗日战争

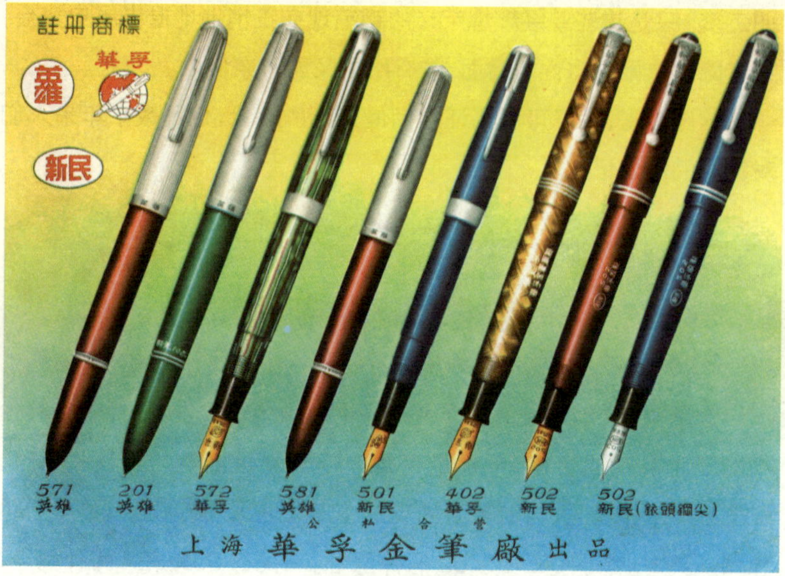

英雄、华孚、新民

胜利后，日货退出了中国市场，加上后方地区因抗战八年货源枯竭，胜利后纷纷到上海要货，使上海制笔行业出现了一个比较活跃的局面，生产有了发展。华孚金笔厂标购三乐笔厂后，1947 年改名为华孚金笔厂股份有限公司，职工有 142 人。

新中国成立后，1952 年 1 月 1 日华孚金笔厂公私合营，1954 年在上海祁连山路 6 号建造新厂房，并先后有绿宝、联业等 69 家笔厂并入，扩大了生产规模，增强了技术力量。1955 年起，华孚金笔厂生产英雄牌金笔。1958 年在“英雄赶派克”的精神鼓舞下，英雄 100 型金笔采用 14K 金尖暗尖型、解剖式吸水、宝剑形笔尖，产品除塑料强度弱于派克外，其他各项技术指标基本上达到派克笔水平。关于这一情况，上海美术电影制片厂还拍了一部美术片《英雄赶派克》。

1966 年后华孚金笔厂改名为英雄金笔厂。

关勒铭、博士

这是 1950 年代公私合营上海关勒铭金笔厂生产的金笔广告。广告中有两种品牌的金笔，一种是关勒铭 216 型，一种是博士 402、405、102、105 型。

关勒铭金笔厂创办于 1928 年,创办人是广东开平人关崇昌。他早年旅居美国,做过裁缝,开过饭馆,因有感于旅美华人书写记事习惯使用中国毛笔,而毛笔当地难以买到,于是 1928 年在纽约唐人街创建“自来水笔光滑墨汁股份有限公司”,以其子“关勒铭”之名作为厂名。当时生产的产品可称为自来水毛笔,因其是用硬狼毫作笔头,笔杆内可储墨水。由于此笔写字流利方便,又有中国毛笔的特点,很受当地华人欢迎。但旅美华人毕竟为数不多,这种笔在当地的前途也

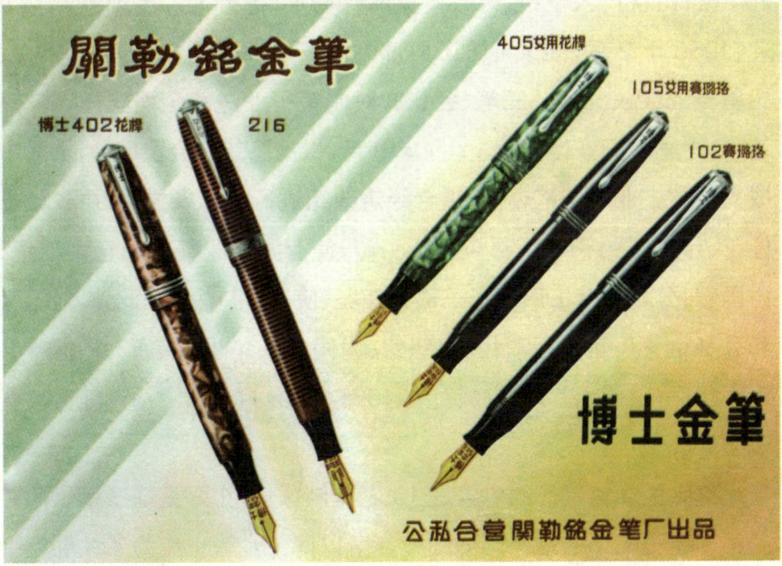

关勒铭、博士

有限，于是关崇昌回国，在上海重新建厂，生产同类水笔。但又遇到了新情况，因墨水原料和书写用纸不如美国产质地优良，时有胶结，造成写字不便，而且国内毛笔便宜，易于买到，导致很少有人用他的产品，于是不得不停产。后来他建立了关勒铭制笔股份有限公司，生产“关勒铭”金笔，直到建国以后。

至于博士牌金笔，则是由另一家著名的金笔厂生产的。1926 年，殷鲁深、卢寿笺两人合伙在上海创建了中国第一家自来水笔厂，就是国益自来水笔厂，资本为 5000 元，从事自来水笔装配。后该厂由殷独资经营，易名博士笔厂，生产博士牌金笔。1936 年博士笔厂为改变金笔“老、大、粗”的情况，设计出用白铜管橡皮笔胆的抽水笔，之后由曹振华试制出活塞真空吸水笔。该笔由于款式新颖，销路很好。

建国初期，随着形势好转，上海制笔行业的私营企业出现盲目发展，至 1954 年金笔厂从 8 家发展到 36 家，钢笔厂从 30 多家发展到 254 家，出现产大于销，导致商业库存增加，部分笔厂出现停产。为此，1955 年 2 月，国家地方工业部会同商业部召开全国金笔、钢笔、铅笔专业会议（简称“三笔”会议），对制笔行业进行全面安排，将“三笔”生产纳入国家计划轨道。同年 3 月，根据“三笔”会议精神，上海市成立地方工业局制笔公司，结合经济改组进行统筹安排，使原先处于停工、半停工的钢笔厂都恢复了生产，使有生产条件的私营金笔厂，由国营、公私合营工厂让出一部分任务，使其维持生产。此外，对国营和公私合营厂也进行改组，将绿宝、大同并入华孚金笔厂，将标准并入新华厂，将博士并入关勒铭厂。1955 年 12 月 5 日上海制笔行业实现全业公私合营。

这张关勒铭笔厂的广告是 1956 年制作的，正好见证了博士厂并入关勒铭金笔厂的这个历史细节，所以博士金笔也成为了关勒铭金笔厂所产。

广告前另附有一张产品使用说明，因其内容较有“时代特征”，照录如下：

1. 216关勒铭罗纹花杆金笔，笔杆系用软性透明塑胶料双层压制而成，防止在烈日下曝晒或沸水内洗烫，以免笔杆走样变质。

2. 402、405博士花杆金笔，笔杆系用国产鱼鳞光赛璐珞花料制成，属易燃品，注意不使近火。

3. 102、105博士黑杆金笔，笔杆系用国产赛璐珞料制成，属易燃品，注意不使近火。

4. 吸墨水时先将尾帽旋开，将笔尖浸入墨水中，用大拇指按下揿头后即行放开，过几秒钟即可吸满墨水。

5. 使用时应当用清水吸洗，防止墨水沉淀物塞住皮管及笔舌水槽，这样可保持出水流利。

6. 不宜随便自行拆装，避免无端损坏。

7. 皮管内应经常保存适量墨水，以免发生漏水现象。

金星

这是1950年代公私合营上海金星金笔厂生产的金笔广告。品牌为金星，型号有102大号黑色赛璐珞、402花色金笔赛璐珞、202中号黑色塑胶、205颜色塑胶小号等。

金星金笔厂创建于1932年，由金星建、金星文、金星斌三兄弟（朝鲜人）在上海开设，后有贺聚道、周子柏与金星建等人合伙，更名为金星自来水笔制造厂股份有限公司。当时的金星金笔厂生产金星牌金笔，笔尖从日本进口，笔杆向美国订购，由该厂制造一些零部件进行装配。建国后，金星金笔也得到了较好发展，是上海四大金笔品

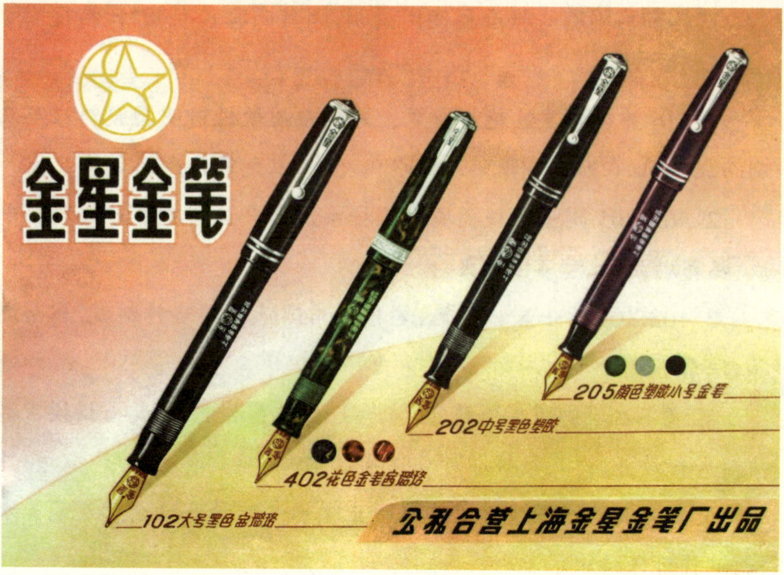

金星

牌之一。由于我找到的资料有限，只能做这样简单的介绍。

永生（中号）

这是 1950 年代上海地方国营新华文具厂出品的永生中号金笔广告。

当时的上海地方国营新华文具厂，就是后来的永生金笔厂，系由好几家金笔厂不断合并形成的。它的前身为商务自来水笔厂，创建于 1947 年 10 月，后更名为十月金笔厂。1950 年 3 月，新华书店华东总分店出资接办十月金笔厂，更名为国营新华金笔厂，以后又改名为国营新华文具厂。1956 年并入永生、巨轮等 40 家笔厂、零件厂。1958 年，又并入 5 家电镀厂和新明钢笔厂。1960 年，大陆金笔厂转业，将

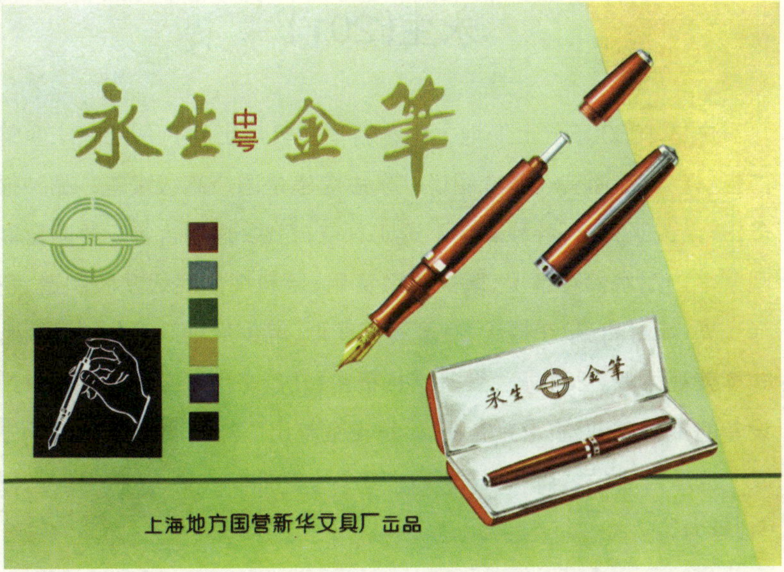

永生(中号)

生产的大包头金笔又划给该厂。1963 年改名为地方国营新华金笔厂,1987 年更名为永生金笔厂。

关于中号真空永生金笔,当时的"产品介绍"说:"这是最新产品,经过本厂技术员悉心研究百余次设计试制与实验才成功。采用的原料,笔尖细滑,真空吸水与 201 永生完全相同,笔杆下端全部有小方透明窗,可以观察笔内墨水储存情况,在结构上有了新的改进,比 201 真空更臻完善。"

该厂还开办保修业务,"笔尖、笔杆、零件用旧或损坏,可以修换(属于质量问题可以免费换掉),并接受外埠邮寄修理。修理部地址在上海浙江中路 514 号牛庄路口。"

另外,还有用图画方式展示的吸水方法,这里就略了。

永生(201)

这是1950年代上海地方国营新华文具厂出品的永生201金笔广告。广告前面有一张介绍说:“永生金笔是国产高级金笔，品种很多,有全透明真空,各种彩色不透明真空,扫式、透明窗等。透明窗能观察笔内墨水储存情况,既美观又实用,原料采用高级塑胶制造,色泽光亮,能耐高温,在摄氏80度不会变形,笔尖又细又滑,书写流利,式样美观大方。201永生金笔结构精密,几年来由于工艺操作及生产设备的不断改进,质量更有提高,每支金笔出厂都经严格鉴定。”永生201也是当时的名牌,对于普通人来说,能拥有一支,会感觉自己很有“魅力”。

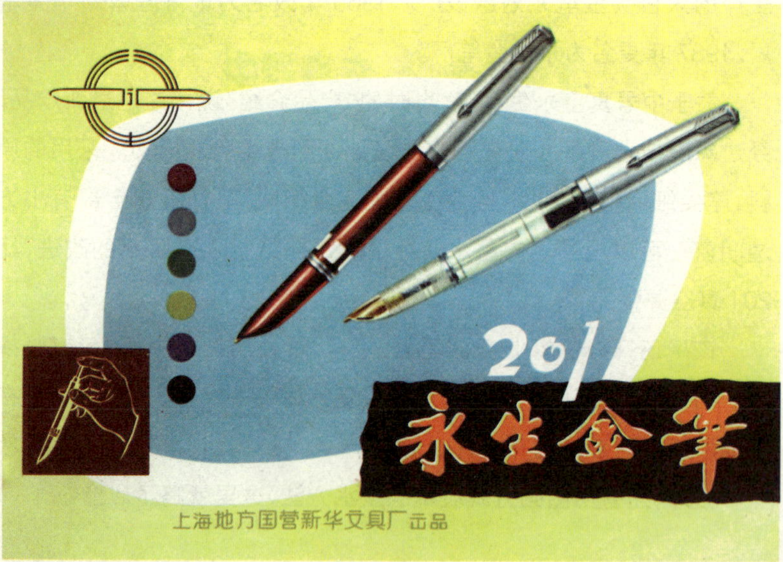

永生(201)

牡丹

这是 1950 年代上海地方国营新华文具厂出品的牡丹金笔广告。它的产品介绍是:“牡丹金笔系五七年新产品。花式有彩色透明杆子、白透明杆子以及全部透明等都系高级塑胶制造，尼龙皮胆弹力比一般橡胶皮胆好,小巧玲珑,美观大方,笔尖细滑,笔杆双层透明,使漏水弊病大为改善,还能透视墨水储存情况。”

幸福、光明

这是 1950 年代上海地方国营新华文具厂出品的幸福、光明金笔广告。幸福金笔的特点是:“外表新颖,美观大方。不锈钢套,永不伸缩高级塑胶笔杆,整个笔尖含纯金 50%(12K),大包头式。细滑流利,构造精细的环形横槽笔舌,在气温气压急剧变化时不断水不漏水。连璜解剖式吸水管吸水量能达笔胆总容量 90%以上。颜色有红、灰、黑、米等。”光明金笔的特点和幸福金笔差不多,只是在笔尖上有所区别,“大包头式笔尖,前部为 50%纯金制,后部不锈钢镶接”。

曾经一直不理解“大包头”是什么,现在看到图片,哦,原来是这样。

大东

这是 1950 年代上海地方国营新华文具厂出品的大东钢笔广告。当时的产品介绍是:“大东钢笔有 212、313 两种，适合广大农村和中

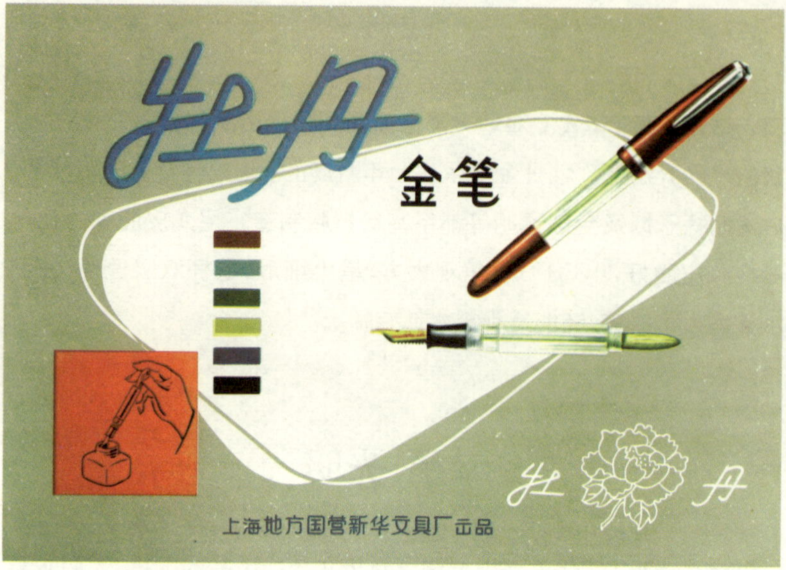
牡丹
金笔
牡丹
上海地方国营新华文具厂出品

牡丹

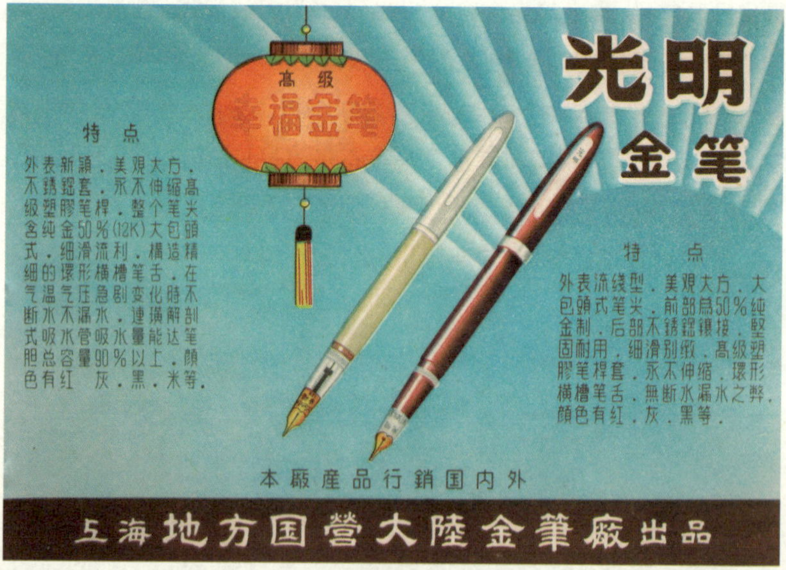
光明
金笔
高级
幸福金笔
特点
外表新頴．美观大方．不銹鋁套．永不伸缩高级塑膠笔桿．整个笔尖含纯金50%(12K)大包頭式．细滑流利．構造精细的環形横槽笔舌．在气温气压急剧变化時不断水不漏水．連横解剖式吸水管吸水量能达笔胆总容量90%以上．顏色有红 灰．黑．米等．
特点
外表流线型．美观大方．大包頭式笔尖．前部爲50%纯金制．后部不銹鋁鑲接．堅固耐用．细滑别緻．高级塑膠笔桿套．永不伸缩．環形横槽笔舌．無断水漏水之弊．顏色有红．灰．黑等．
本厰産品行銷国内外
上海地方国營大陸金筆廠出品

幸福、光明

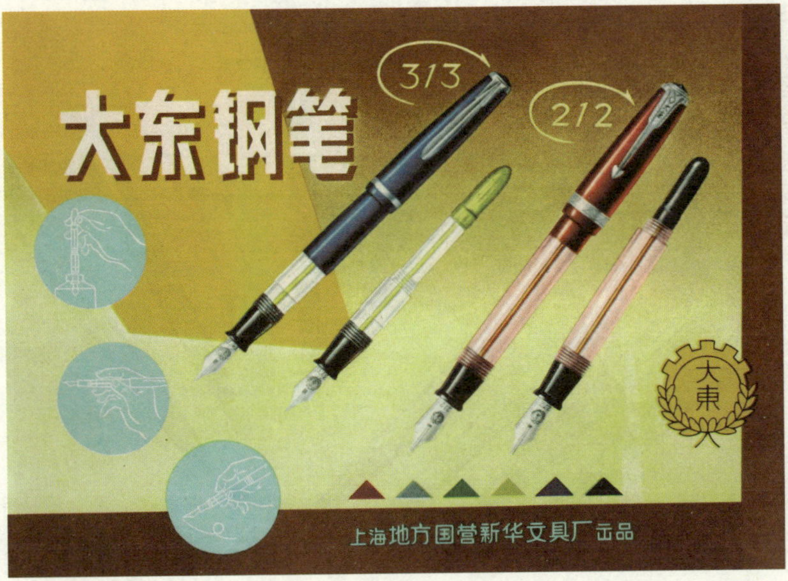

大东

小学生使用，价廉物美。313大东钢笔系五七年新产品，采用高级塑胶制造，尼龙透明吸水皮胆弹力比一般橡胶皮胆好，且无收缩之弊。212大东钢笔一向受消费者欢迎，吸水特多。”从这个介绍来看，大东钢笔主要是普通人使用，因为并不是什么人都能使用金笔。没能查到大东钢笔的其他资料。

铱金笔

这是1950年代上海生产的铱金笔广告。从广告来看，应当是集中了当时上海生产的各种铱金笔，至少有十四种品牌，分别是22解放、金刚、红星、爱国、新华、泰山、571大地、51五龙、46民生、217新民、371友谊、572金联、214裕民、25红光。铱金笔的“特点说明”是：

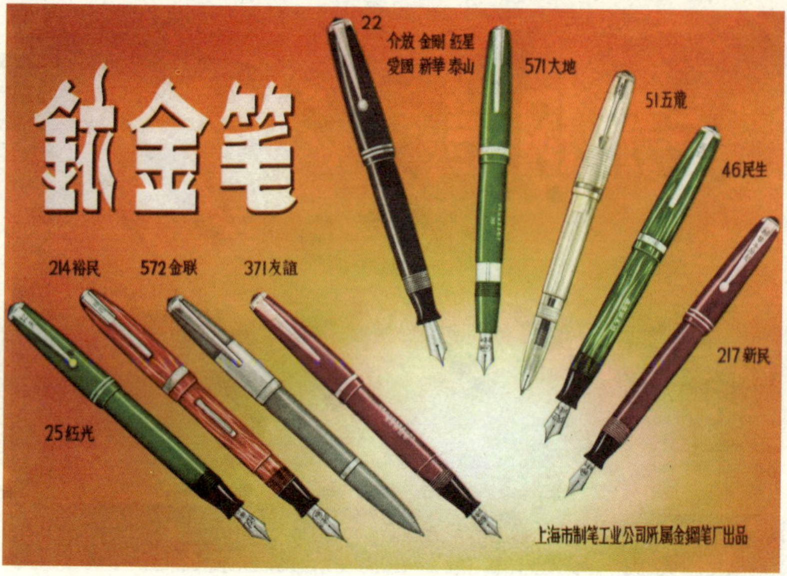

铱金笔

“铱金笔尖都有铱粒，比普通钢笔尖耐磨增加七倍；笔杆原料相同于一般金笔，采用各色塑料压制，规格新颖，经久耐用；价格便宜仅及金笔一半，而使用时可收与金笔相仿之效果。”

笔尖焊铱，俗称点铱，1931 年由日本传入我国，用手工操作。1949 年永生厂引进英国祥生牌电阻压力半自动点铱机。1954 年，中国标准笔厂又根据国外样机仿制出单相低压交流变压器点铱机，这种点铱工艺沿用了很长时间。1959 年华孚厂制成第一台半自动点铱机，合格率从 70%提高到 80%。第二年又安装笔尖输送整理器，成为自动点铱机。1970 年又改用三相低电压、大电流硅整流器的点铱机，合格率达 90%以上。1977 年笔尖自动点铱机和自动磨四方机合二为一，倒棱角、修头、研磨和检验 4 道工序联为一体由一机完成，并在全行业推广使用，使铱金笔的生产有了真正的自动化。

钢笔

这是 1950 年代上海生产的钢笔广告。有 9 种品牌，分别是 25 美星、210 皇后、28 月星、18 大华、24 万寿、22 农民、21 庆丰、25 及 26 五龙，还有前面已谈到过的 212、313 大东。

在 1950 年代，上海联业笔厂生产的五龙牌钢笔和大东钢笔厂生产的大东牌钢笔占总量的 45%。后来，为提高笔的使用价值，上海制笔工业公司从 1960 年 4 月 1 日起停止生产钢笔，用铱金笔替代，但出口钢笔仍保持原状，生产少量品种。1980 年起外销钢笔也改由普通铱金笔替代，从而结束了钢笔生产。也就是说，我们现在所使用的钢笔，实际上大都应称为铱金笔。

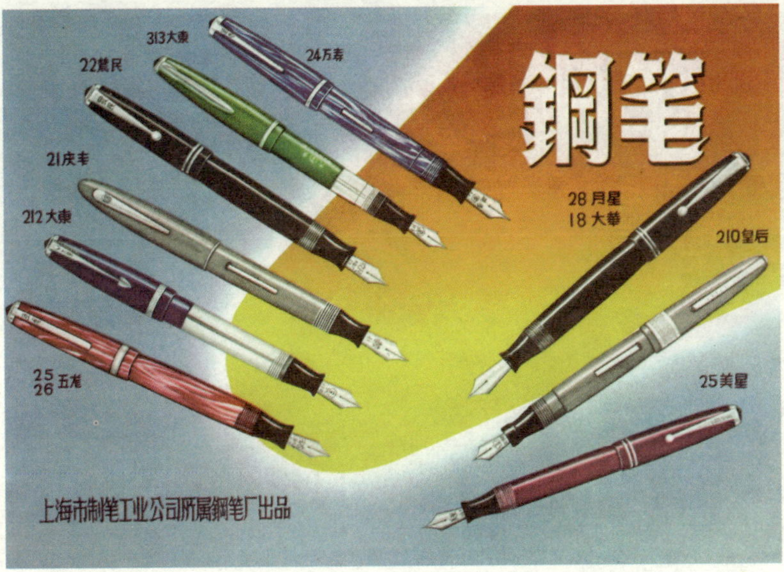

钢笔

金龙、新文化

这是 1950 年代辽宁安东(现丹东)金笔厂生产的金龙金笔和旅大文教用品厂生产的新文化金笔广告。

丹东的制笔工业是建国后发展起来的新兴产业。1952 年，辽东省政府工业招聘团到上海，将上海市的一个年产 5 至 10 万支金笔的公私合营制笔企业迁入安东市，并同时招聘从事金属零件加工、镀金工艺和制作零件的工人 89 人和家属 48 人。经过 5 个月的筹备，于当年 12 月 8 日开工，定名为安东永华金笔厂。在二十多天的试生产中，共生产金笔 1536 支，填补了安东自来水笔的生产空白。1955 年 9 月，该厂改名为安东金笔厂。

至于旅大文教用品厂及其生产的新文化金笔，由于条件有限，没

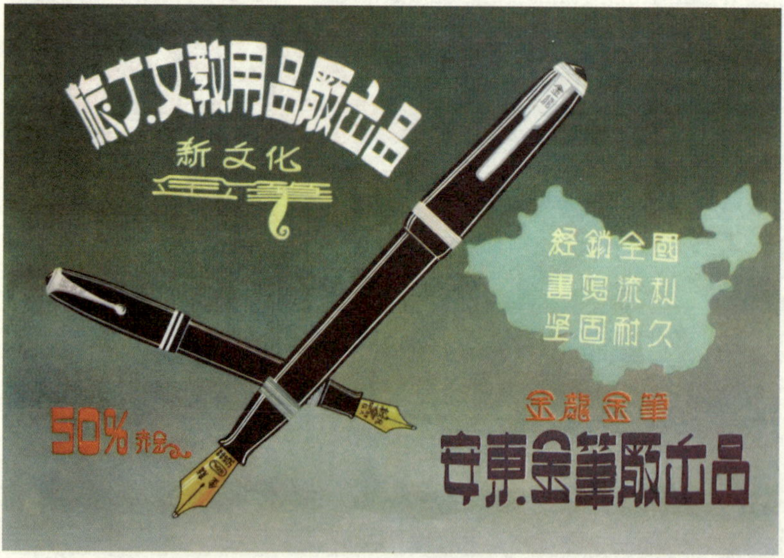

金龙、新文化

能找到相关资料。但查到，1956 年 1 月，经辽宁省委批准，大连市文教用品厂金笔车间并入安东金笔厂，组成注塑车间。也就是说，“新文化”最终并入了“金龙”。丹东金笔厂的产品，曾获得多项殊荣。从1950 年代的金龙牌 58 号高级铱金笔、1960 年代的 610 号高级铱金笔、1970 年代的 314 号普通铱金笔，到 1980 年代的 800 号软笔和700 号系列大包头高级铱金笔，在全国历届质量评比中都名列前茅，在国内外市场享有盛名，畅销不衰，受到广大消费者好评。曾有“江南英雄，江北金龙”的美誉。

友联

这是 1963 年哈尔滨友联金笔厂生产的友联金笔广告。

1950 年 10 月，公私合营友联金笔有限公司在哈尔滨建成投产，主要以胶木为原料生产“友联”牌钢笔。投产初期，由于技术装备不完善，除笔杆、笔尖自产外，其他部件靠上海供应。1951 年 10 月，友联金笔公司试制成功中号“友联”金笔，由于质优价廉，赢得用户好评。1953 年，由于忽视质量管理，导致生产中粗制滥造，甚至把没有开缝的笔尖都作为成品出厂，造成全国性的商业退货，友联金笔公司声誉受到了影响。1954 年，友联金笔公司改善经营管理，产品质量显著提高，当年试制成功大号“友联”金笔，年产量 56.9 万支，产值 91 万元，利润 49 万元。1955 年，友联金笔公司主要原料改为以塑料为主体，试用赛璐珞料生产中小号金笔获得成功。1956 年在北京举行的全国产品评比中，小号“友联”金笔的质量、成本两项均获双冠，获轻工业部奖励，大号“友联”金笔也名列前茅。1960 年质量管理再度出现失控，合格率为 88.58%。1964 年，该厂发明了以高纯铝为主体的氧化

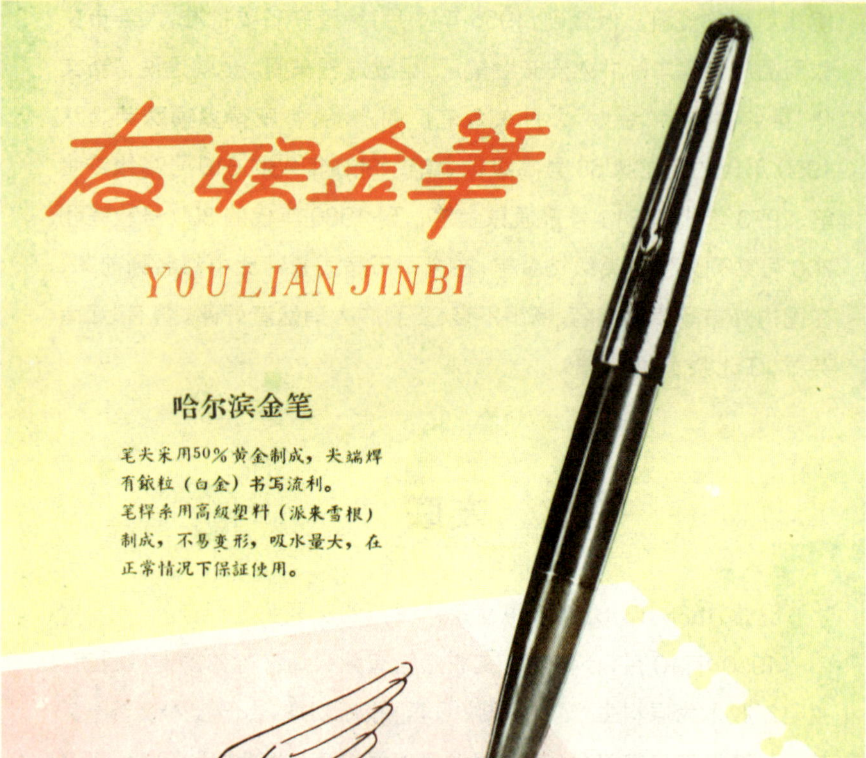
友联金筆
YOULIAN JINBI
哈尔滨金笔
笔尖采用50%黄金制成，尖端焊
有銥粒（白金）书写流利。
笔桿采用高级塑料（派来雪根）
制成，不易变形，吸水量大，在
正常情况下保証使用。
哈尔滨友联金筆厂出品

友联

着色处理新工艺，增加了杆套新品种，闻名于全国同行业。

青年

这是1966年初广州南方金笔厂生产的青年铱金笔广告，型号有313、314两种。

建国前，广州没有自来水笔生产。建国后的1951年初，上海成记书局在广州市大新路开设联合金笔行，试销上海自来水笔，行情不错，于是后来办起了广州市第一家自来水笔厂——南方钢笔厂，当年9月投产，制造出广州第一支自来水笔，也就是103南方牌钢笔。当时的南方钢笔厂生产规模小，员工仅17人，设备有抛光机2台、脚踏车杆机6台、压塑机1台。除塑料笔杆自行制造外，笔尖、笔头等金属零件均需从上海购进。

另外，当时的上海萃众钢笔厂、启明钢笔厂亦相继迁到广州。萃众钢笔厂主要设备有注塑机3台、车杆机6台、抛光机2台，员工23人，日产钢笔30打。启明钢笔厂生产设备有垂直油泵机1台、压塑机3台、车杆机6台、装配机3台，员工15人，日产钢笔30打。1953年，启明钢笔厂与萃众钢笔厂合并组成中南金笔厂。

1952年，广州的金城、艺成、宝利、江南等4家塑胶厂合并，组成江南水笔厂。

1953年，求新塑料厂和义兴厂合并组成华南金笔厂，生产日光牌钢笔。

1953年，广州自来水笔业总产量达44.60万支，居全国第二位。当时，广州市人民政府鼓励商业转工业，南光书店、天地书店、兴文教育仪器店合股组成南方文教用品有限公司，并投资南方钢笔厂。

青年

1955年，广州自来水笔生产企业全部实行公私合营。1956年1月，中南金笔厂和南方钢笔厂合并，组成新的公私合营南方金笔厂，后又陆续并入零件社等16个单位。1957年江南水笔厂、黄祥合机械厂、公信烟丝厂、福特笔尖厂等22个单位并入公私合营南方金笔厂。1958年南方金笔厂迁到将军东路十六号扩大生产，并创出第一个名牌产品凤凰牌金笔。后由于国家限制使用黄金，轻工业部压缩金笔生产，广州的自来水笔生产企业遂开发高级铱金笔代替普通金笔，先后有303、308、401、700等型号高级铱金笔问世。1961年起，因受国家三年经济困难的影响，广州自来水笔生产所需的原材料短缺，一度无塑料供应，靠废旧影片胶卷代替塑料生产笔杆。这期间，生产向普通铱金笔方面发展，设计和投产了313、314、315、316、317等型号的普通铱金笔，产量下降。

广告中的313、314铱金笔就是这种转变的见证。

现在，使用钢笔的人越来越少了，人们对于钢笔的情感也没有1980年代以前那样深了。对于当年的那些人来说，也许有过获得的自豪、得不到的隐痛、丢失的遗憾或者馈赠的深情……总之，会有无数的令人难忘的细节。这些广告画，也许正是这些怀念的小小线索。

刻在浙江蜡纸上的历史

写下这个题目，觉得有些夸张，不就是想谈几张关于 1950 年代浙江生产的油印蜡纸嘛，但想来想去，还是不想改了，夸张一点，也许更能说明问题。

对于油印蜡纸，我们应当跳出来看。我们知道，传统的印刷方式是木板刻印，后来就有了著名的活字印刷，似乎两者就直接过渡衔接起来了，而且看上去也很有理由。但事实上不是那么回事，在木板刻印与现代铅印之间，还存在着一个类似乎过渡的“蜡纸油印”阶段。这个阶段虽然短暂，而且与现代印刷术同时共存，并没有完全独立出来，只不过是当了个配角而已，但它毕竟是历史事实，回避不了。

几十年来，由于生活方式变化太快，我们一路忙着往前赶，把路上的很多“风景”给丢了。近些年来，一些人开始反应过来了，忙着“追求”到的东西也许很新鲜，但不一定适合自己。而丢掉的东西可能有些陈旧，但却记载着我们一个阶段的情感。对普通人来说，收集一些过去的物件，并不是为了炒作或者投资，而是为了一份即将失却的怀念。

现在有人开始收集油印书籍了。油印的墨香和木板印制的墨香本质是一样的,总会使一些人凑上去闻一闻,仿佛获得某种满足。

关于油印,我们也有点遗憾,我们虽然是最早发明印刷术的国家,但油印机却是由国外进来的,最初是手摇式油印机,后来还有速印机。油印机的工作方式是,先将蜡纸垫在钢板上刻字,装上转轮,涂抹油墨,然后用手推或者手摇转轮印制。相信大部分人上了年纪的人都有过油印的经历。大约在1934年,上海的伍启惠创立了一个叫"诚壹"的工业社,开始研制或者说仿制速印机,他于第二年便装配成了中国第一批共二十台仿基士得耶速印机。

从1930年代或者更早开始,直到1990年代,半个多世纪,我们伴着油印机行走在一条叫"文化"的路上

说到这里,我们明白了,所谓蜡纸,就是油印的重要构成物,说简单一点,它也是一个印刷时代——油印时代的见证物。至于蜡纸本身,它就是一张用蜡浸过的纸,目的是刻写或打字后作为油印底板。

我收集到了十余种1950年代浙江生产的油印蜡纸广告,它们就是那个时代蜡纸产业曾经荣光辉煌的见证。虽然可能难以见到第二份像这样齐全的成品了,但得到它们却是"无意偶得之",不像其他广告那样颇费心思而终无所获。大约是2006年,我从一位在网上开旧书店的浙江朋友那里购入,是一册装订起来的杂图中的一部分。得了这册杂书,将其中的浙江生产的蜡纸挑出来,很美的图片。然后查阅相关资料,才知道这些蜡纸不同凡响。在1950年代,浙江蜡纸业生产的蜡纸是全国质量最好的,也是产量最多销量最多的。章英杰先生在《温州蜡纸业》一文中说:"浙江是中国蜡纸生产的集中地区,五十年代上规模的企业就有温州蜡纸厂、大明蜡纸厂、中国蜡纸厂、遂昌皮纸厂、衢州蜡纸厂、新华蜡纸厂,警钟、风筝、灯塔更是驰名中外的名

牌。”

这些蜡纸如此有名，利用它们刻写、油印的历史细节定然不少，有心人可以循着这串脚印去做，想必会有所获。下面，我们也沿着这些广告的线索来看一看当时的浙江蜡纸业生产情况，除了一点怀旧的情趣之外，如果还能算是一点资料的留存那就更好了。

杭州地方国营新华蜡纸厂

我收集到的杭州地方国营新华蜡纸厂生产的蜡纸广告共三张。该厂是 1952 年建成的，是全国最大的长纤维造纸厂。其生产工艺从建厂初期的开口锅浸、河水漂洗、木榔击浆、手工抄纸，到后来演变为化学脱胶、蒸球煮浆、打浆机加工的机械化生产。该厂生产的蜡纸品

地方国营新华蜡纸厂铁笔蜡纸

地方国营新华蜡纸厂铁笔蜡纸

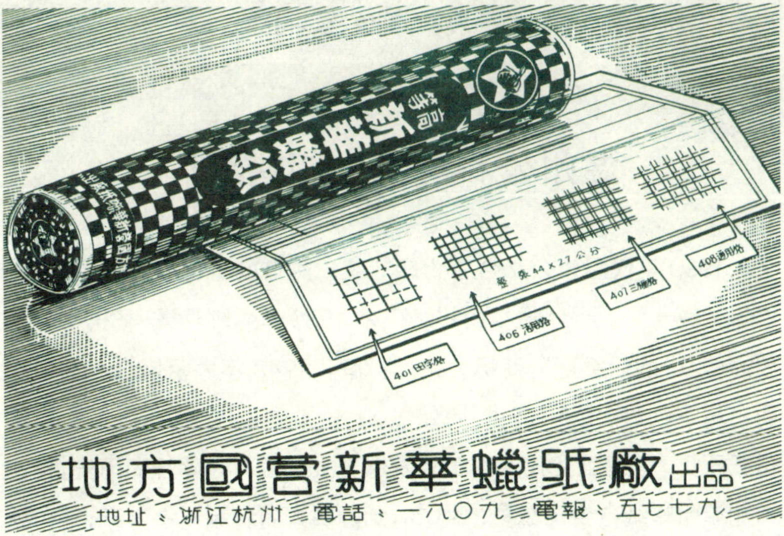

地方国营新华蜡纸厂铁笔蜡纸

牌众多。

第一张广告的内容是“新华蜡纸”及“高等新华蜡纸”，标示为“铁笔蜡纸”，这主要是与“打字蜡纸”区别开来，一个是用铁笔刻写的，一个是用打字机打的。从型号上看，有 401、407、408、409、209 五种，并分别标示了“格”。所谓为“格”，就是为了方便刻写而画出的框子，有点像稿纸的样子。广告语是“刻写流利，经久耐印”。从两种蜡纸的包装来看，是筒装，很漂亮，那个有一只手在五星中书写的商标也很漂亮。

第二张是新华蜡纸厂生产的打字蜡纸广告，均为盒装，品牌还不少，有双字牌、合字牌、环球牌、范氏扇子牌、国光牌、永备红叶牌等，估计是由众多私营企业公私合营而成的新华厂，其产品还保留了原先的品牌。

第三张也是铁笔蜡纸广告，不过却是另一个广告“系列”（可能是浙江省轻工业产品目录，因为只有图片，没有其他资料，不敢确定）里出来的，所以画法是以线描为主，单色，较为朴素。

温州公私合营大明蜡纸厂

1950 年代温州公私合营大明蜡纸厂生产的警钟牌、三角牌蜡纸广告共有一张。温州最早的蜡纸厂是 1939 年由陈仲毓、杨德樵等人创办的“中国蜡纸厂”，商标为“三角”牌。1942 年大明蜡纸厂在温州西山塔下创办，生产“警钟”牌蜡纸，上蜡车间设在上海，规模比中国蜡纸厂更大。蜡纸业在温州工业发展史上曾经有过辉煌的历史，建国初期温州蜡纸占全国总量的 40%，全国四大名牌温州占其三，其中就包括本广告中的两种。从这张广告来看，此前的中国蜡纸厂应当是并

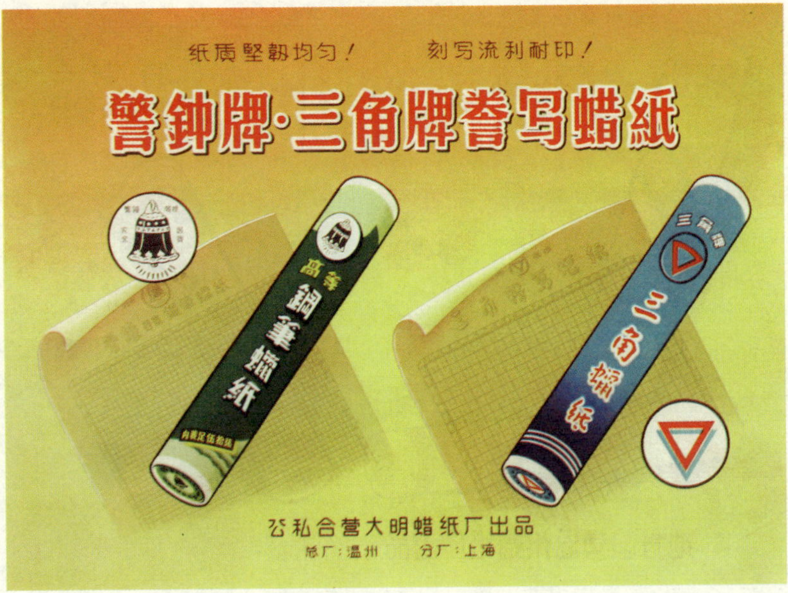

公私合营大明蜡纸厂警钟牌、三角牌蜡纸

入了大明蜡纸厂，因为两个著名的商标都用在大明厂了。

地方国营温州蜡纸厂

地方国营温州蜡纸厂生产的蜡纸广告共两张，都是灯塔牌。据称温州蜡纸厂最初是私人开设的，规模很小，1945 年，国民党官僚投入资本，改名为永嘉县文化服务社蜡纸厂，1949 年作为官僚资本由温州市军管会接收，1950 年至 1951 年相继兼并了人人罐头厂和二十六家私人原纸作坊，实力壮大，一跃为中国最大的地方国营蜡纸厂，生产“灯塔”牌蜡纸。两张广告画中表明，它是一个品牌，多种型号，突出的是“特制 58 型高等蜡纸”。

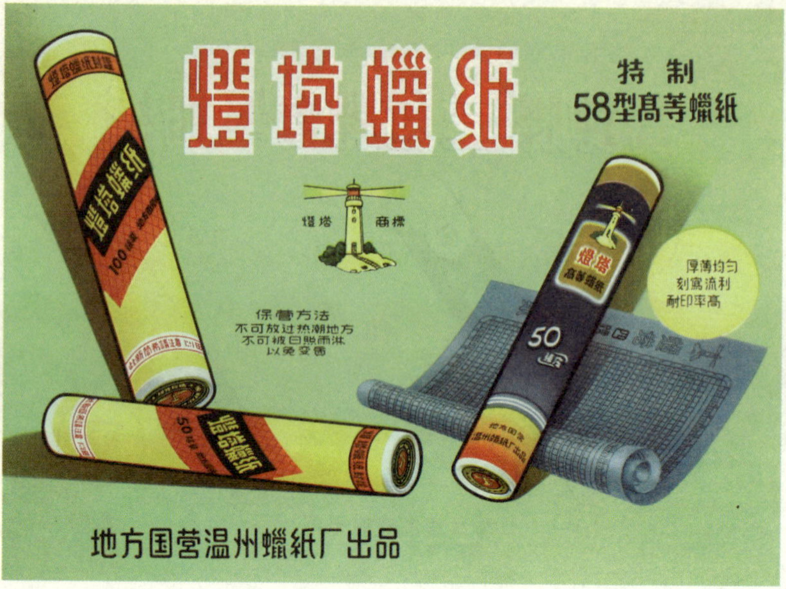

地方国营温州蜡纸厂灯塔蜡纸

地方国营温州蜡纸厂灯塔蜡纸

地方国营温州皮纸厂

地方国营温州皮纸厂生产的蜡纸广告共两张，一张是曙光打字蜡纸，一张是敦煌绿色打字蜡纸。广告中曙光打字蜡纸的特点是："自1957年8月份起出厂产品保用一年；好打清晰，笔笔透明，不脏铅字，不伤机件，不发黄点，不透蓝，不走油；耐印、耐热、耐寒、耐光、保存耐久。"而敦煌绿色打字蜡纸的特点是："对打字助视线有保护作用；颜色鲜艳，可以持久不变；化学性能稳定，耐寒抗热；打字清晰，耐印力强。"该蜡纸还有一句广告："新产品，1958年第二季度开始供应。"

浙江衢县公私合营勤业蜡纸厂

浙江衢县公私合营勤业蜡纸厂生产的风筝牌铁笔蜡纸广告一张。勤业蜡纸厂由宁波市人陈葆馥于1918年在上海闸北创办，时称"勤业文具股份有限公司"，先试制毛笔原纸，继试制铁笔蜡纸，几经挫折，资金耗尽。后又招股集资将工厂移至上海浦东张家浜继续经营，聘上海英商洋行化学师韩祖康研制涂料配方，1922年向日本商人购进蜡纸纸坯，制成风筝牌铁笔蜡纸。因质地优良，当年在新加坡马婆展览会上获第38号奖状，此后，又在1930年西湖国际博览会上再获荣誉奖。"九一八"事变后，全国人民抵制日货，纸坯原料断绝，公司请专家化验鉴定纸坯原料为山棉皮，浙江盛产，公司再招股集资5000元，在桐庐桐君山麓建厂，称勤业蜡纸厂，用国产原料生产铁笔

地方国营温州皮纸厂曙光蜡纸

地方国营温州皮纸厂敦煌蜡纸

公私合营勤业蜡纸厂风筝蜡纸

蜡纸,质优价廉。1938年,工厂迁至衢县官碓,两年后槽桶增至120多只,工人500多人,年产蜡纸20.6万标准筒。1942年,厂址迁至江心沙洲,年产蜡纸21.6万筒。建国后,又分别于1951年、1956年在展览会上获得荣誉。广告画中不仅展示了其产品,而且也展示了优美的厂景。

浙江省龙游县公私合营利文蜡纸厂

浙江省龙游县公私合营利文蜡纸厂生产的狮牌铁笔蜡纸广告一张。因没能找到其他相关资料,该厂及其产品的情况不详。

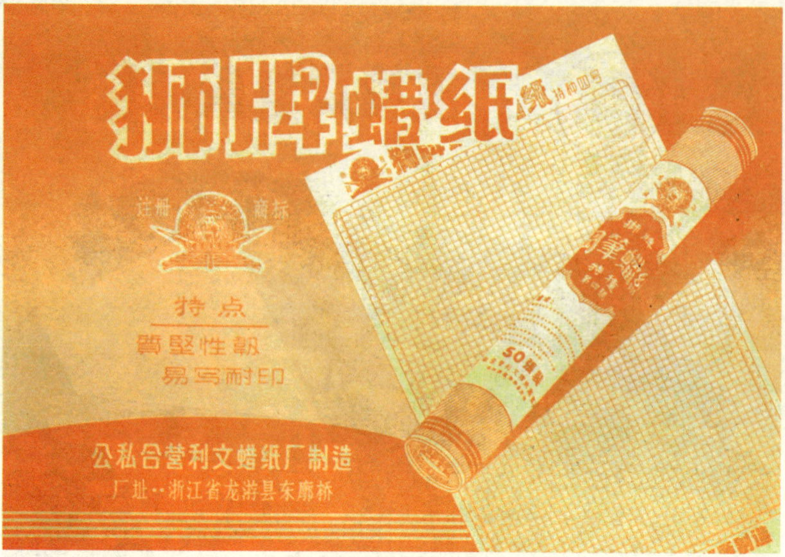

公私合营利文蜡纸厂狮牌蜡纸

1950年代的浙江蜡纸业虽然有很大的发展，并形成了突出的品牌，但在生产过程中也有些不为人知的情况。章英杰先生曾在温州蜡纸厂长期工作，有幸读到他的《温州蜡纸业》一文，他谈到当时浙江蜡纸的发展时说："建国初期，百业待举，需要的印刷品很多，旧社会遗留下来的印刷厂能力不足，无法满足需要。学校、工厂、机关团体的印刷品大都用铁笔、钢板、蜡板刻字油印解决，蜡纸的需求量很大，蜡纸都由百货公司包销，价格优惠利润甚至超过成本。"从这个情况来看，我倒真希望哪一天有机缘收集到几种当时浙江产的真正的蜡纸，而不是只在广告上"欣赏"。

当时的蜡纸生产条件很艰苦：

温州蜡纸厂继承了艰苦朴素的优良传统，以祠堂为主体，祠堂既是饭厅又是礼堂，白天职工用餐，晚上开会或其他活动。油水、纸浆制作也在祠堂里进行，其他车间都是青砖青瓦的单层简易房。在西边的小河边划出一长间作宿舍，书记、厂长和职工一起挤集体宿舍。全厂的动力就两台10、20马力的木炭引擎，由于全厂职工600多人团结一致，奋发图强，生产却是蓬勃发展，成为浙江省工业厅和温州市委的重点企业。

还有其他的困难等着他们：

首先是原料供应成为关键问题。原料是一种生长在深山的野生小灌木，土名叫山棉皮，特点是纤维长，为棉花或其他麻类或竹木纤维所不及。开始都在浙闽边界的龙泉、埔城、泰顺一带采集，后来逐渐扩大到江西、湖南、广东。由于蜡纸的生产工艺简单，利润率高，各地生产蜡纸的小厂、作坊越来越多，现有蜡纸厂的规模也在不断扩大，山棉皮的供应就渐感困难，各厂都派出强有力的采购人员，厂与厂之间出现相互抢购的现象。为解决这一矛盾，1950年在省工业厅主持下召开各厂厂长会议，成立了浙江省皮蜡纸协商会，以协调各蜡纸厂之间的矛盾。1952年成立浙江省蜡纸原料收购一组和二组，划区收购……划区收购以后抢购现象少了，但原材料供应仍很紧张。温州各厂派出大批干部在广西湖南开发新皮源，暂时缓解了供应困难。到了1955年全省各蜡纸厂的山棉皮供应又发生困难。省工业厅决定将两个收购组合并为浙江省皮蜡纸原料联购处，归省厅直接领导，收购区域扩大到浙江、福建、江西、湖南、广东、广西、四川等七八个省份。我于1953年和1955年两次率领人马在广西、四川开发新皮源，均获得成功，相对缓解了各蜡纸厂原料供应困难。

其次是蜡纸的生产技术落后，手工操作居多。例如山棉皮的处理是手工刨皮，女工们用薄刃刀将浸胀的山棉皮的外壳刮去。各蜡纸厂都有个车间叫刨皮部，有两百多名女工，几占全厂职工总数的三分之一。1953年江钊任温州蜡纸厂厂长期间，凭自己拥有的专业技术，亲自负责组织人马进行技术革新，用化学脱胶的方法处理山棉皮，节约了180多个劳力。这是蜡纸工业生产历史性的突破，引起轻工业部和省工业厅的关注。江钊是位很有才干的厂长，不仅拥有专门技术，还精于管理，建立健全一整套的管理制度，以科学的管理方法代理传统的管理方法，经济效益不断提高，年利润达到300万元，是全省行业之首，几乎是温州市工业局下属企业利润总额的一半。这一年江钊被评为劳动模范。朝鲜停战后要恢复经济建设，国家授予江钊二级技师职称，派他去朝鲜援建造纸厂。回国后在浙江省温州化工厂任总工程师，在文化革命期间被迫害致死。江钊以后，洪水平担任温州蜡纸厂厂长，他也是位有学问善管理的人才。任职期间发动职工进行技术攻关，将抄纸由两开放为三开，以后又改为六开(就一次抄出纸的面积由两张到三张再到六张)，大大提高了劳动生产率。不久洪水平调任温州市委工交部副部长。1958年不幸被打成右派……

照录了这么多，是想说明这些广告中的蜡纸都是有“温度”的，还有一个目的就是向章英杰先生及其同仁致敬！

1950 年代的办公机械

手中有关于 1950 年代办公机械类产品广告约十余张，主要是油印机、打字机和计算机。单独挑出来作一个介绍，也算是一个不经意的“回顾”。

看到它们，会使人回想起曾经的油印时代，它们曾在我们的学习和工作中发挥了巨大的作用，就像现在使用的打印机和复印机，甚至比它们的作用更广。也会想到曾经的计算机原来是这个样子的，对比现在使用的计算机，完全是两回事。也会想到那时的中文打字机，与前些年还在使用的四通打字机以及现在的计算机区别就更大了。仅仅几十年的时间，它们的踪影已难以再见到了。对于一些专门收集这些产品的人来说，它们就是历史，就是怀念，就是曾经的岁月。

有了广告图片，就想了解它们相关的文字资料。由于地处偏远，所得有限，借助网络，也少有所获。尽管它们都曾经在我们的生活中发挥过重要作用，因是实用的物品，人们对它们的情况关注却很少。仅就油印机而言，想查找它的发明者，居然找出四、五个有名有姓的人来，就不在这里列举了。我们还是沿着这些图片来看一看当时这些

天津产文化牌油印机

天津产七一式油印机

伴随着人们的办公机械。

图 1、图 2 是 1956 年天津市地方国营红星工厂生产的七一式油印机广告。

油印机大约在清末传入中国。它显然与印刷工业所使用的印刷机械是不一样的，属于学习工作中方便实用的物品，在过去也叫誊印。它的特点是设备简单，操作方便，印刷成本低廉，因此曾普及到社会的各个方面，机关、学校、企事业、社会团体等的打字室、文书室差不多都有誊写印刷，市面上的打字誊印社也随处可见。我收集过一些关于印刷类的广告，有专门的印刷厂，也有“誊印社”这样的文教小店。

油印也存在着缺点，由于其靠蜡纸为“版”，印数不多，品质也相对较差。它的印制就是把蜡纸铺放在钢版上，用钢针笔在蜡纸上刻写或刻画，由于钢版上布满了凸起的网纹，在钢针笔尖与钢版网纹的作用下，蜡纸上的蜡质层被划破，露出蜡纸自身的纤维孔隙，把刻好的蜡纸附着在张紧的网框上，即成了蜡版。印刷时把蜡版放在承印物上，用墨辊在蜡版上往返滚动施墨，在墨辊的挤压下，油墨透过蜡纸图文区域的纤维孔隙，传到承印物上，完成印刷。

广告中的七一式油印机的“用途及特点”是：“用于油印文件及表格，一般铁笔蜡纸、打字蜡纸均可透印，使作简便，价格低廉，螺旋定位，印面可随意调整，适合彩色套印。”与下面的五六式相比，它显然有更多的功能，能调整印面，而且还能彩色套印。至于具体如何套印，则只有当年使用过的人才知道了。当然，它的体积和重量也更大，重14.8公斤，是五六式的3倍还多。

图3是1950年代天津市地方国营红星工厂生产的五六式油印机广告。

广告中五六式油印机的“四大特点”是：

1. 价格低廉，适合农业合作社需要；

2. 体轻灵便，便于携带；

3. 选料精良，木质不劈不裂；

4. 体积小而使用面积不小。

从这几个特点来看，它是木质框架，有意思的是还专门标出“适合农业合作社需要”。

还有文字标示出这款油印机长47公分(厘米)，宽32公分，高8公分，重9市斤，体积较小了，而且确实轻便。这也是小时候用过的那些类型——那时常帮老师刻试卷、印试卷，老师还要叮嘱一句：“不要漏题啊！”

图4是1950年代天津市地方国营红星工厂生产的五四式速印机广告。

以上几种都是手推式油印机，相对来说速度都比较慢，如果有机

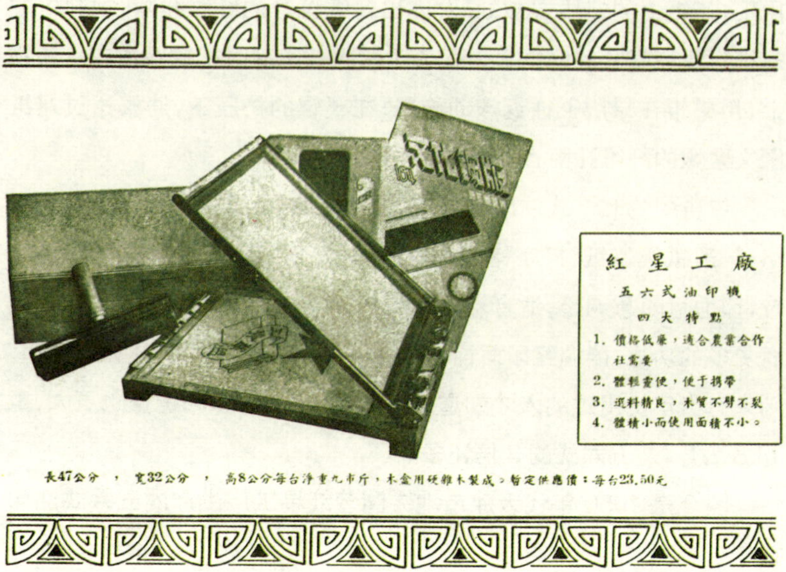

天津产文化牌五六式油印机

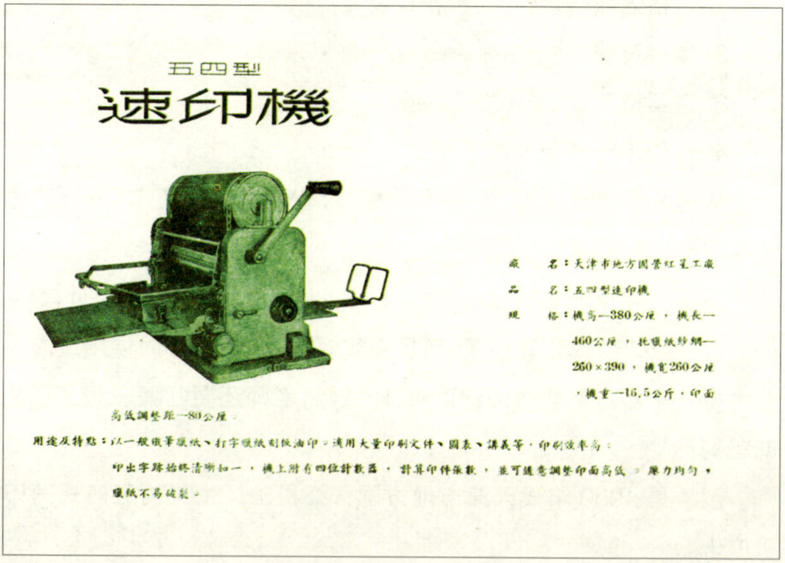

天津产五四型速印机

会使用手摇速印机，就可大大提高印刷速度。速印机有两种“动力”，一种是手摇式，还有一种可用电来带动，速度就更快了。速印机的纱网张在滚筒上，把刻制好的蜡纸附着在纱网滚筒上，固定好位置后开动速印机，纱网滚筒带动蜡纸旋转，当输入的纸张经过蜡纸滚筒时，油墨透过蜡纸传递到纸张上，纱网蜡纸滚筒每旋转一周，完成一次印刷。一般来说，当时的国产速印机每小时可印刷 2000 余张。

广告中的五四型速印机的“用途及特点”是：“适用大量印刷文字、图表、讲义等，印刷效率高。印出字迹始终清晰如一，机上附有四位计算器，计算印件张数，并可随意调整印面高低。压力均匀，腊(蜡)纸不易破裂。”

图 5 是 1950 年代天津市公私合营长城誊写文具制造厂生产的长城牌烤漆油印机。

从广告的内容来看，这一款油印机应当是“高档”产品，而且还配了不少附件。它的“用途”是：“速印学习文件、表报(应当是报表，笔者注)、印制学习讲义、歌谱等，效果迅速良好，质量与石印铅印比美。”“特点”是：“能套印精美的色画和伟人像；机件美观耐用；铁活零件永不生锈；木活零件永不劈裂；机件体轻便于携带。”还有一个附注：“如将纱框使坏和胶辊用坏时可于各地文化公司购买，普通式纱框和胶辊均适用于此油印机。”

图 6 是约为 1958 年上海市文教用品工业工公司经销的各种油印机广告。

广告中对当时上海产油印机的文字“介绍”是：“值此文化建设日益发展之际，油印机为宣教之必需工具，近来在构造上都有了改进，并增加了品种，提高了文印工作效率。本公司领导之各厂产品有红星牌的‘五一型’、‘八一型’、‘1951 型’，三八式有‘飞机’、‘敦煌’、‘天鹅’、‘红鹰’、‘金龙’、‘三钟’、‘醒狮’等商标，均有悠久历史。又如飞

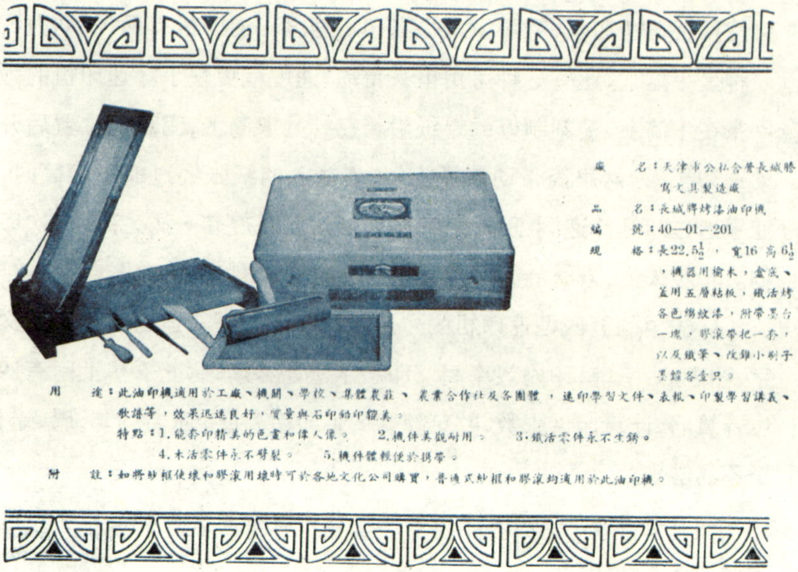

天津产长城牌烤漆油印机

上海产各种油印机

轮牌的‘回力型’已供应有年，新品种‘弹力型’已开始生产，手摇式也正筹备生产中。希各地商业机构大力推销，并盼随时吸收用户意见，以资进一步的改进。”

从图片来看，里面标示了七种油印机，其中六种是手推式，一种是手摇式。值得提及的是“飞轮牌”，它是当时上海的名牌，图片中的三种飞轮产品都有特点，飞轮回力型，飞轮弹力型（新产品），飞轮牌手摇式（1958 年投入生产）。由此还想到上海的另一个品牌的速印机，长城牌 21 型，不过在这张广告制作时它还没有产生。它的最初制造者就是伍启惠。伍在 1930 年代初到国外学习，期间发现英国的速印机方便实用，1934 年回国时购买了一台作为试制参考样机，在上海设立了诚壹工业社，研制出国产第一台速印机，定名为诚壹牌。1941 年 4 月，伍启惠携机往重庆为速印机办理专利，中共驻重庆代表叶剑英在速印机的蜡纸上题了“自力更生”四个字表示赞赏。此后还有一批卖给了新四军。新中国成立后，1959 年，该产品转由启文机器厂生产，并且进行了一系列改进，推出长城牌 21 型手摇速印机，成为上海产速印机中产量最高的一个品种。

图 7、8 是 1950 年代天津市地方国营红星工厂生产的誊写钢版广告。

所谓誊写钢版，就是垫着蜡纸以便刻写的必需工具。回忆读小学时帮老师刻蜡纸，有时没有钢版，垫在玻璃上刻写，不管怎么小心，总是把蜡纸刻坏了。广告中的誊写钢版“用途及特点”是：“斜纹适用于刻写一般文字及图表等，布纹适于用刻写精细图案及美术文字等。文化牌钢版分斜纹及布纹两种，纹距适宜，刻写省力，印字清晰。版面硬度均匀，耐磨、耐用。”

图 9、10 是 1950 年代天津市地方国营红星工厂生产的文化牌中文打字机广告。

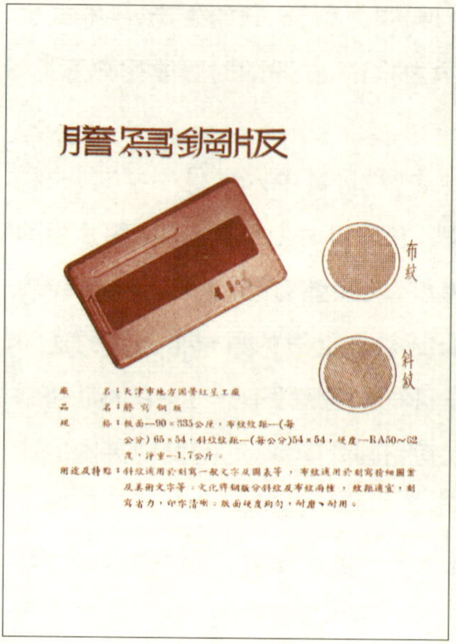

天津产誊写钢版

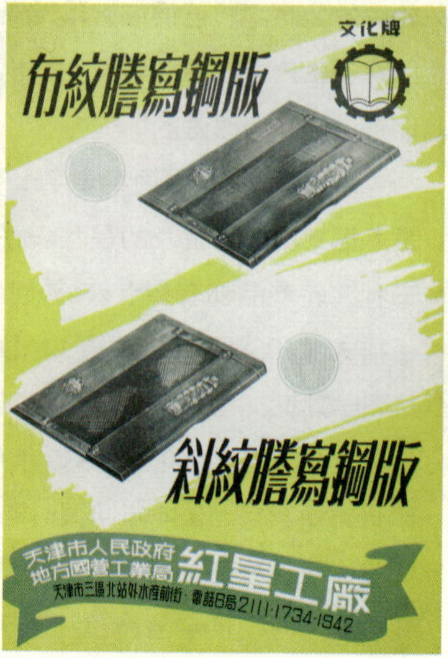

天津产文化牌誊写钢版

天津产文化牌中文打字机

天津产文化牌中文打字机

手工刻写蜡纸虽然简便，但刻出的字体、字形美观程度较差，刻写的速度也太慢。而有了中文打字机以后，用打字机刻蜡纸逐渐取代手工蜡纸刻写，不仅打字的速度大大快于手工刻写的速度，打字的质量也比手工刻写的要好，因此其印制品也更为受到人们的喜欢。

关于文化牌中文打字机，当时的说明文字是：

打字机和计算机都是各机关、企业、团体、部队、学校办公必用工具。打字机和计算机都是机件十分精密的机器，其中以打字机为例，各种零件即达一千三百余种之多。目前国内能生产打字机和计算机的工厂还不多，而天津市地方国营红星工厂就是国内生产打字机和计算机最早的工厂之一。

天津生产的打字机，从样式上说，是结合日本和德国两种打字机的优点而做成的。近年以来，在生产上不断研究改进，最近更根据各地反映意见，加强了对零件的炼淬工作，使钢性增强。对轻钢字也加以改进，不但基本防止了变质氧化情况，而且还增添了简体字。在价格方面也做了很大的调整，每台供应价由过去的475.78元调低为350元。

在保管打字机和计算机中，最主要的是应注意防震、防碰、防潮。受震受碰后易使机件失灵，因此必须轻拿轻放，箱盖朝上，平放。受潮后机器容易生锈，尤其是内部齿轮如生锈，修理困难，运转也将受影响。

附图是1950年代天津市地方国营红星工厂生产的文化牌计算机广告。

手摇计算机作为二十世纪中叶的主要计算工具，曾代表了当时一个国家工业及机械制造业的水平，在现代计算机使用之前，大量的计算工作就是靠它们来完成。看到一段资料说："1961年初，原子弹研制工作到了计算基本理论和关键技术阶段，在邓稼先、周光召、彭

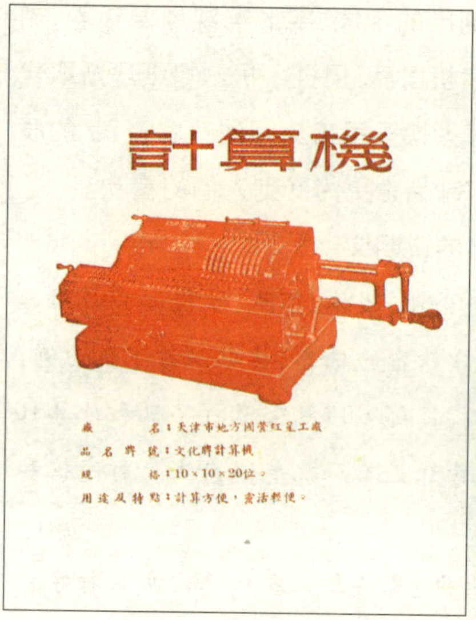

天津产文化牌计算机

天津产文化牌计算机

桓武等带领下，用手摇计算机和半自动计算机，经过一年多的艰苦努力和九次大规模试验，完成了第一颗原子弹的理论计算，为我国原子弹研制工作立下了彪炳功勋。”想一想，手摇式计算机仅是“怀旧”物品吗？那些当年发挥作用的计算机，也应当将它们认真地陈列在科技馆里面。

关于文化牌计算机，当时的说明文字是：

文化牌20位计算机是手摇拨字式的计算机。从质量上说，几年来已逐步有所提高，一般反映也在减少。计算机的内部机件十分精密，最忌碰撞，或不按机器性能，乱摇猛搬。这样不但会造成卡字，而且会缩短机器的寿命。文化牌计算机的供应价格最近也做了调整，由每台589.74元调低为450元了。

扑克广告

在收集1950年代商品广告、目录和样本的过程中，也收集了一些关于扑克的广告图片。主要是上海和天津两地生产的，有11张，内含几十种品牌和型号。

“扑克”一词是英文“poker”的译音，而poker是playing cards一词的简单写法，是游戏纸牌或游戏卡片的意思。

关于扑克的起源有不少说法。主要是两种，一种认为扑克起源于中国的叶子戏。一般认为发明叶子戏的是唐代著名的天文学家张遂，因为纸牌形如树叶或者说只有一般的树叶那么大，故称为叶子戏。据有心人士考证，宋时民间流行的“叶子戏”纸牌，长约8厘米，宽约2.5厘米，材质为丝绸和纸裱成，而图案则是木刻制版印制而成。其实这种纸牌直到现在还在民间流传，在一些地方的茶铺里，或者大树下，还有老年人用它们游戏消遣。也正是居于这样的原因，所以一些研究人士认为这种纸牌后来由商人、传教士带到国外去，西方人受到启发，并最终改制成现在流行的扑克牌。甚至有传说是马可·波罗从中国把纸牌带回他的家乡去的，并因此认为威尼斯是欧洲最早出现纸

飞轮牌、全绿牌、鹅牌扑克

光明牌、飞车牌、跳舞牌、光荣牌扑克

红旗球、马戏丑角扑克

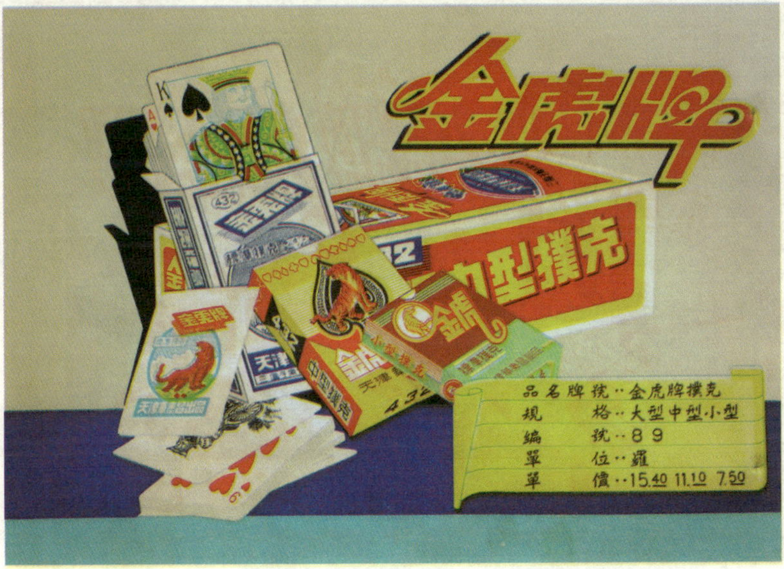

金虎牌扑克

金牛牌、天坛牌、双马牌扑克

乐乐乐牌、康乐牌、航空牌扑克

牌的地方。

二是认为起源于印度。有人提出欧洲早期的纸牌——塔罗牌，与印度教神话中的某位女神有一定的联系。这位女神的形象有 4 只手，每只手中分别持有魔杖、杯子、宝剑和圆环（代表金钱）。在欧洲早期的一些纸牌中，也印有与此类似的图案符号。据此有人认为，纸牌可能先由印度民族的吉卜赛人传入欧洲，他们穿过波斯、阿拉伯进入埃及，由埃及到达欧洲，并考证出他们中的一部分于 1427 年进入巴黎。于是，欧洲很多地方产生纸牌了，出名的有纽伦堡、奥格斯堡和乌尔姆等地。

不管是哪种方式，扑克传到欧洲以后，各国都以本国的民族文化对四种花色给予不同的认识和解释，德国人理解为树叶、铃铛、橡树果和红心，意大利人理解为宝剑、硬币、拐杖和酒杯，瑞士人理解为橡树果、铃铛、花朵和盾，西班牙人理解为宝剑、硬币、酒杯和橄榄枝……由于法国人于 1392 年创造的黑桃、方块、梅花和红桃的模式简单明了，被世界各国认同并逐渐得到统一。

关于点数，十五世纪时通常把 K 当成是最大的牌，A 则是最小的牌。现在将 A 当成最大、2 当成最小的方式可能是从十八世纪晚期法国大革命后才开始的。而“鬼”牌，或者说“王”，则是美国的发明，然后随着扑克一起传回欧洲。

最早的扑克牌张数，各地不一。意大利每副 78 张，德国每副 32 张，西班牙每副 40 张，法国每副 52 张。后来西方人根据天文学中的历法，把这种纸牌游戏卡片统一定为 54 张，四种花色。其“天文”理由是：54 张，表示一年有 52 个星期，两张副牌大王代表太阳，小王代表月亮。四种花色表示春、夏、秋、冬四季。另外，红心、方块代表白昼，黑桃，梅花代表黑夜。每一季 13 个星期与扑克每一花色的牌数正好是 13 张，13 张牌的点数相加是 364 再加上小王的一点，是 365，与一般年份天数相同;如果再加大王的一点,那就正好是闰年的天数。扑克牌的K、Q、J等共有12张,既表示一年有12个月,又表示太阳在一年中经过12个星座。

扑克不仅有纸制的,还有其他材质的,比如景泰蓝包金的扑克、金箔银箔的扑克、水晶扑克、玛瑙扑克、象牙扑克、象骨扑克、牛角牛骨扑克、竹片扑克、有机玻璃扑克、玻璃钢扑克……这些扑克牌都是用来收藏的,很少用来游戏。还有许多异型扑克,如圆形、圣诞树形、鞋形、三角形,不一而足。

扑克的玩法也有很多种,最普通的有桥牌、百分、钓红点、二十一点……等等,应当说只要想玩,有玩的心情,什么玩法都可以创造出来。

关于扑克的历史细节还有很多,但不管怎么说,扑克是融合了东西方文化,集合了人类的聪明才智才形成今天这个样子。

现在,扑克也有人收藏了,有人还写《扑克收藏》的专著。

现将我收集到的这几张扑克广告的扑克列举如下:

1. 红旗球(上海市公私合营天一印刷制品厂出品)、马戏丑角扑克(上海市私合营粹华卡片厂出品)

2. 鹦歌牌、蜂王牌、康乐牌扑克广告(上海市公私合营中国标准纸品公司出品)

3. 光明牌、飞车牌、跳舞牌、光荣牌扑克(上海市公私合营大光明印刷制品厂出品)

4. 飞轮牌、全绿牌、鹅牌扑克(中国切纸文具制造厂中心厂出品)

5. 黎明牌、孔雀牌、钻石牌扑克(上海市第二印刷工业公司出品)

6. 象牌(上海市公私合营大陆厂出品)、红狮牌扑克(上海市公私合营顺鑫厂出品)

7. 乐乐乐牌(上海市公私合营陆新华印刷制盒厂出品)、康乐牌、

黎明牌、孔雀牌、钻石牌扑克

骆驼牌、蝴蝶牌

鸵鸟牌扑克

象牌、红狮牌扑克

鹦歌牌、蜂王牌、康乐牌扑克

航空牌扑克(上海市公私合营中西印刷厂出品)

8. 金牛牌、天坛牌、双马牌扑克(天津市大光明卡片厂出品)

9. 鸵鸟牌扑克(天津市聚丰祥出品)

10. 骆驼牌、蝴蝶牌扑克(天津万盛出品)

11. 金虎牌扑克(天津华泰昌出品)

复写纸印象

很多物品因为需要而被“偶然”发明，复写纸也是。它发明于十九世纪初，发明它的人叫韦奇伍德，英国人。当时他正在伦敦经营一家文具商店，因为经常要给固定客户写信介绍新商品，而且这些信的内容几乎一样，他颇为厌烦。于是他琢磨，能不能同时写成两封、三封呢？估计有这种琢磨的人不少，一般的人想一想也就算了，但韦奇伍德先生没有停留在这里，他还试验了不少方法，最后有效的方式是，将薄纸放在蓝墨水中浸湿，然后干燥。书写时将这张墨纸衬在纸下，就能获得效果不错的复制件。后来，也就是 1806 年，韦奇伍德获得了“复制信函文件装置”的专利权，复写纸产生了。

复写纸因方便实用，发明后大受欢迎，于是韦奇伍德干脆办了一家工场专门生产。后来，法国人改用甘油和松烟渗透进纸里的方法制造复写纸，质量有了改进。到了 1815 年，德国人又进行了革新，他们以热甘油加上从煤焦油中提炼出来的染料，细磨之后涂于韧性薄纸上，制成新的复写纸。再后来，人们又在这种复写纸的涂料中加入蜡料，目的是降低粘度，这就是我们今天常用的复写纸。

国内较早生产的复写纸都是仿制国外的，厂家也不少。建国后较有名的比如上海纸品复制厂，它的前身是 1931 年德商高乐斯嘉在上海设立的高乐公司，当时生产高乐牌复写纸。1946 年 10 月，高乐公司更名为克波公司。解放后，1951 年，该公司更名为地方国营上海纸品复制厂。1958 年，先后有 13 家生产复写纸的厂家并入，产品商标使用古城牌、帆船牌、长城牌和上海牌等。这里选取的广告图片中关于上海的厂家几乎都并入其中了。

对于一般人来说，在 1980 年代以前，极少能见到复印机，而文稿要复写一般有两种方式，一是刻成蜡纸油印，可以复写较多份数，一是用复写纸复写，可自制三份四份。对成年人来说，复写纸是当时工作学习中的常用品，对小孩子来说，它们是有趣的玩具，能带来别样的快乐。现在的复写纸也有了更新的技术，比如邮政的特快专递所用单子，不必使用看得见的“复写纸”了。

复写纸似乎已属于过去。

我收集的 1950 年代的复写纸广告有十多种，由此也可以看出当时复写纸在工作、学习中的重要性，不然为什么会有这么多品牌？

图 1 是上海公私合营前进文具工艺社生产的双象牌超级复写广告。商标为双象，设计大方、漂亮。广告语是：“响应增产节约请你使用双象牌复写纸，能增加工作上的效能并节约工作上的时间。”可见有较强的时代特点。

图 2 是公私合营上海大益文教用品工业社出品的海马牌复写纸广告。广告语是“改进技术，提高品质”，其他就没有更吸引人的特点了。

图 3 是一张上海产复写纸产品的集体的广告。里面计有：宏信工业社出品的宏信牌复写纸、上海联和实业社出品的联和以及光明牌复写纸、吉鑫实业社出品的红狮牌复写纸、上海怡文工业社出品的怡

图 1　上海双象牌复写纸

图 3　上海光明牌等复写纸

图 2　上海海马牌复写纸

文牌复写纸。这么多产品集于一张广告中，主要原因是做广告的人是包销或者统购统销的商业部门，而不是厂家。广告词是：“请用优等品质的复写纸，才能使你有满意的成绩！”

图 4 是公私合营上海勤华文具工业社出品的万象牌复写纸广告。广告中还有使用复写纸的情景：一个年轻的工作人员在近前的书桌上“复写”，远处还有一位女性工作人员。广告中有“样本备索”字样，也就是写封信去，厂家就给你寄几张样本使用，然后再订货。

图 4　上海万像牌复写纸

图 5 是公私合营上海古城文具厂出品的古城牌复写纸广告。这张广告的特点是将整个复写纸的生产过程都用图画表现出来了，共有 14 个画面，逐一展现在“电影胶片”上，很不容易。有意思的是，1950 年代的很多商品广告都将产品的制作工艺呈现出来了。

图 6 是公私合营上海光辉文具厂出品的古钱牌复写纸广告。广告语是：“配料高尚、质地优良、颜色鲜艳、使用久长。”

图 7 是公私合营上海时新文具社制造部出品的鸡球牌复写纸广告。从广告说明来看，此品牌品种多，有蓝、红、紫、黑诸种，而且还有新产品，就是一家有势力的复写纸厂。它的商标是一只公鸡站在地球上，但名称确实有点不怎么样。

图 8 是天津市公私合营益丰文具厂出品的益丰牌复写纸及蜡纸广告。图案很漂亮，关于复写纸的特点是：“夏天不浸、冬季不干、书

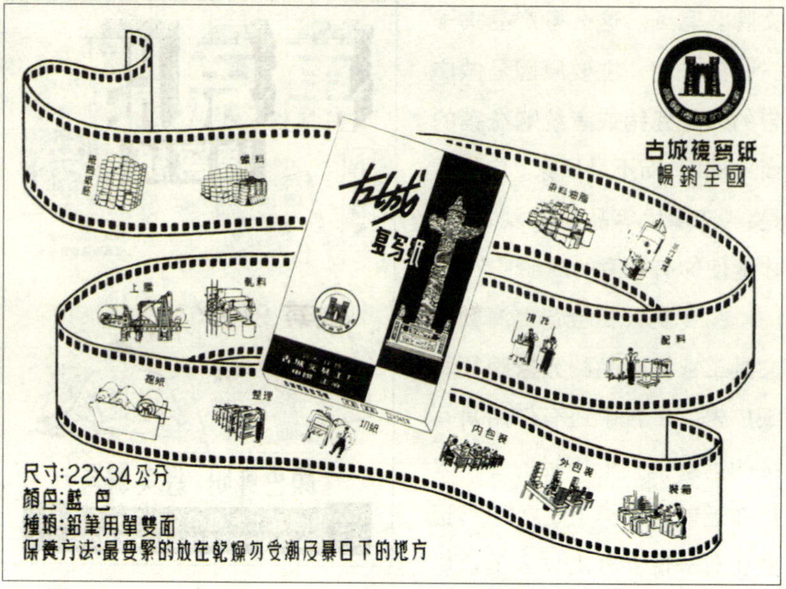

图 5 上海古城牌复写纸

图 6 上海古钱牌复写纸

写流利、颜色鲜艳、经久耐用、保用三年。”“保用三年”的承诺不知如何实现？

图9是中国文化用品公司天津采购供应站监制的文光牌复写纸广告，不知它的具体厂家是谁。这种复写纸的“特点”可能有些夸大：“在同一地方可以复写六次，透写可达十层以上，复写文件清晰。”透写十层？表面的纸早被划破了。

图10是一张天津产复写纸

图7 上海鸡球牌复写纸

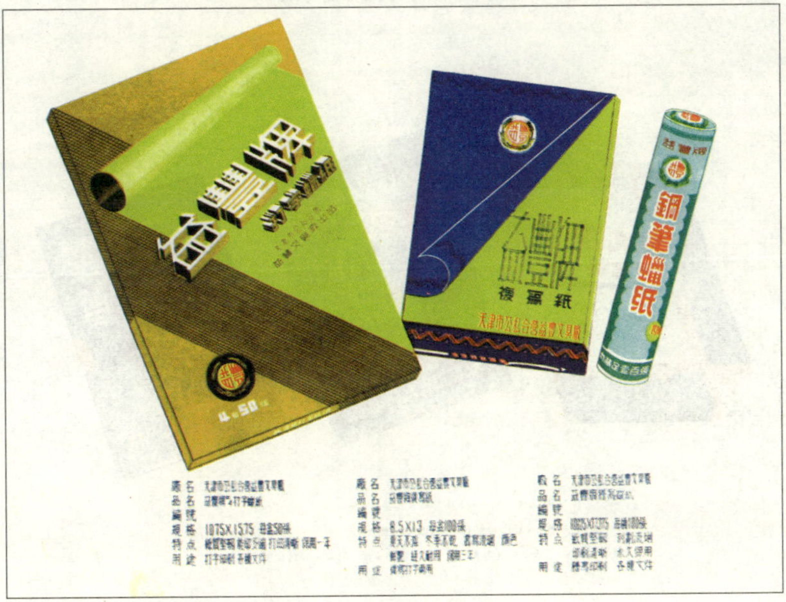

图8 天津益丰牌复写纸

图 9　天津文光牌复写纸

品　　名：恒大複寫紙、向前複寫紙、群馨複寫紙。

規　　格：8½×13" 每盒100張，雙藍、雙紅。

特　　點：夏天不粘，冬天不乾，複寫清楚，經久耐用，保期三年。

图 10　天津恒大牌等复写纸

图 11　广州前门牌等复写纸

综合性的广告。里面计有：德成工业社出品的恒大牌复写纸、志昌实业厂出品的向前牌复写纸、中国友达实业厂出品的群声复写纸。从图中看，这些复写纸包装设计都颇有时代特点，尤其是向前牌复写纸，不仅背景有大量烟囱冒着烟的厂房，而且其商标也是骑着战马的军人。

图 11 是 1960 年代广州生产的复写纸广告。主要有前门牌、永乐牌、蝴蝶牌三种品牌，商标和包装设计都很漂亮。

广告里的新华书店

酒香也怕巷子深，广告对现代商业来说功莫大焉，可以称其为现代商业的轮子。没有广告，商业的奔跑速度不会这么快。即使是我们所熟悉的曾具有垄断地位的新华书店，也需要以适当的方式来做个“介绍”。

本质上，新华书店与一般的书店是不同的，这是由它产生和发展的背景决定的。1935 年 10 月，红军胜利到达陕北。1937 年 4 月 24 日，因为宣传工作的需要，中央机关刊物《解放》周刊创刊，发行科在创刊号上署名“陕西延安新华书局”，就是这一天，后来被确认为新华书店成立的日期。同年 10 月，又改称为“新华书店”。新华书店在战争年代，对宣传马列主义、毛泽东思想，宣传中国共产党的政策发挥了巨大的作用。

随着《解放》周刊和马列丛书发行数量的增多和发行范围扩大，新华书店的影响很快扩及陕西、山西、河北、山东、河南、甘肃、四川、湖北、江苏、上海等十几个省市，直至建国后建成全国性的新华书店网络。

早期的新华书店一直通过各种方式做着自己的“广告”，主要也是业务介绍。最早的广告刊载于1937年10月2日出版的《解放》周刊第18期上，是图书广告，署名“陕西延安新华书店”，广告的书目有《列宁主义概论》、《列宁主义问题》、《两个策略》、《列宁选集》第十二卷等。

1939年8月18日，抗日战争时期，新华书店为了更好地满足读者需要，在《新中华报》上刊登了《扩大营业搬迁新址启事》。启事说：“因旧址不敷应用，拟于最近迁移至北门外(鲁艺旧址)照常营业，各界读者移玉光顾，无任欢迎。”紧接着又在22日和25日两天的《新中华报》刊登广告说：“自1939年9月1日起移至本市北外新址办公。”9月1日，北门外新门市部正式开业。毛泽东同志题写了“新华书店”四个大字。

1939年10月13日，新华书店在《新中华报》上刊登启事：“为远地读者便利购买书报起见，特设有邮购部，手续简易，妥捷便利，邮票十足通用，无异向门市现购。”据称，这是新华书店最早的邮购业务。

1943年3月10日，陕甘宁边区新华书店在《解放日报》刊登《征求邮购代办户启事》，内称：“凡邮代购买每种书籍五本以上者，一律给九折优待，邮代服务成绩优良者给以奖励。”

1944年4月30日，新华书店总店在《解放日报》刊登启事：“欢迎各地合作社、团体或个人、小贩等代为推销本店书报，本版书八折，外版书九折。”

1944年8月14日，陕甘宁边区新华书店在《解放日报》刊登启事：“为做到普及文化教育，我们要求各地学校能成立文化合作社，向廊县第一完小看齐，把通俗的书报，创造各种新的方法广泛的推销到群众中去。代销书籍以八折优待。”

1948 年 8 月,党中央在西柏坡决定建立全国出版工作的统一集中领导机关,考虑全国新华书店的统一工作。12 月,毛泽东在西柏坡重新题写了“新华书店”四个大字,由中央宣传部出版组华应申派人将题字原稿送到平津前线有关部门。北平解放以后,新成立的北平新华书店及全国各地新华书店,统一用这次题字复制店招。

对于新华书店这些早期广告,因为条件所限,我没能查找到原始的“档案”,它们来源于新华书店总店的有关历史资料。

关于建国后的新华书店广告,如果用心,也能见到一些。其实近年来,有关老广告画的收藏成为许多人的心上事。刚开始我也并没有在这方面有什么目的,只是寻找一些建国初期印制精美的画册为个人解解馋,数年来仅得到不多的几种。不过无意中却购得了几种 1950 年代的商品广告册,于是有意识地加强了这方面的关注。在这些画册中,《1957 年周历》是比较有意思的一种,因为本质上,它就是一册广告。它的具体印制时间是 1956 年,十六开本,内有五十二张图片,每周一张,主体是一个出版社或新华书店业务部门的文字宣传和介绍。书前另附一张年历。整本书没有版权页,没有更多其他信息资料,也说明它们不是有书号的“正式”出版物。即使在当时,能够得到这样一本周历,也很少有人舍得使用或在上面记录,因此它留存到今天的还有不少本。我找到的资料都来源于网上,能见到五、六种,不过,其价格也在数百元到一千多元之间。

我收集的这册品相一般,以三百元购入,算是得了一点小便宜。挑拣里面关于新华书店的广告,共有十五张,都是一图一文的形式。图片除了第一张是一张年画外,其他的都是当时新华书店的业务资料图片,多为单色照片,少数是图画。文字则是不同的业务介绍,可谓概括了新华书店的大部分功能。

下面我们还是从这册《1957 年周历》来分别认识一下计划经济

时代新华书店的这些业务：

1. 机构设置及功能。主体画面是阿老的《全国儿童都热爱您》，水彩画，实际上是一张年画。阿老的年画在当时很有号召力，动辄就是数十万的印量，不是现在的画家所能比的。现在画家的画都变成了个别人的欣赏品，画家无奈但也没有办法。新华书店利用这张画作为第一张业务广告，还是经过用心考虑的。它的业务介绍是："新华书店是我国专营国内图书发行业务的国营企业。总店设在北京，北京、上海、沈阳、武汉、重庆设有发行所，各省设有省分店。新华书店发售全国国营、地方国营、公私合营出版社出版的书籍，如：马克思、恩格斯、列宁、斯大林著作、毛泽东著作、社会科学、科学技术、文学艺术著作、少年儿童读物、各种通俗读物、教科用书以及用少数民族文字出版的和用外国文字出版的书籍以及图片、画册等等。新华书店也出售从国外进口的书刊。此外，还代邮局办理各种定期刊物的预定工作并另(零)售各种定期和不定期刊物。"从说明中可以看出，当年的出版部门有"全国国营、地方国营、公私合营出版社"。

2. 大型综合门市部。图片是新华书店北京分店王府井综合门市部外景。从照片上看，当时有不少人在书店内外，有的还在看橱窗里的展览。街面上自行车众多，也是当时的特色。业务介绍是："新华书店在各大城市的中心区设立发售各类图书的大型综合门市部。大型综合门市部配备的图书比较齐全。"

3. 中小型综合门市部。图片是一张新华书店的门市部照片，具体地方不知道，目的是表示这是一家中小型的综合门市部，能够设立到县一级，这种情况一直持续到现在。"新华书店在各大中城市的非中心地区、小城市和较大的工矿区、县人民委员会所在地的集镇，设立中型或者小型的综合门市部。"

4. 专业门市部。图片是一个专业书店的内部，几位读者在选购图

阿 老作：全國兒童都熱愛您（水彩画）

新華書店業務介紹

〔1〕

新華書店是我國專营國內圖書發行業务的國营企業。總店設在北京，北京、上海、沈陽、武漢、重慶設有發行所，各省設有省分店。在全國絕大多數市縣設有办理銷售業务的分店和支店。新華書店發售全國國营、地方國营、公私合营出版社出版的書籍，如：馬克思、恩格斯、列寧、斯大林著作、毛澤东著作、社会科学、科学技术、文学藝術著作、少年兒童讀物、各种通俗讀物、教科用書以及用少數民族文字出版的和用外國文字出版的書籍以及圖片、画冊等等。新華書店也出售从國外進口的書刊。此外，还代郵局办理各种定期刊物的預訂工作並另售各种定期和不定期的刊物。

一　月

日	一	二	三	四	五	六
		1 十二月大 初一	2 初二	3 初三	4 初四	5 小寒 初五

1日：元旦

机构设置及功能

新華書店業務介紹

〔2〕

新華書店在各大中城市的中心區設立發售各種圖書的大型綜合門市部。大型綜合門市部配备的圖書比較齐全。

左圖是新華書店北京分店王府井綜合門市部外景。

一　月

日	一	二	三	四	五	六
27 十二月大 廿七	28 廿八	29 廿九	30 三十	31 正月大 初一		

31日：春節

大型综合门市部

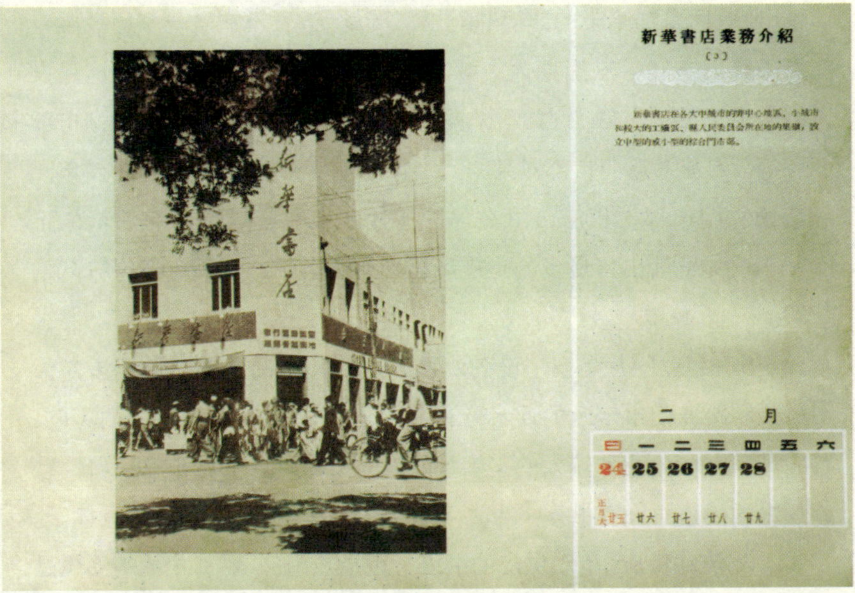

中小型综合门市部

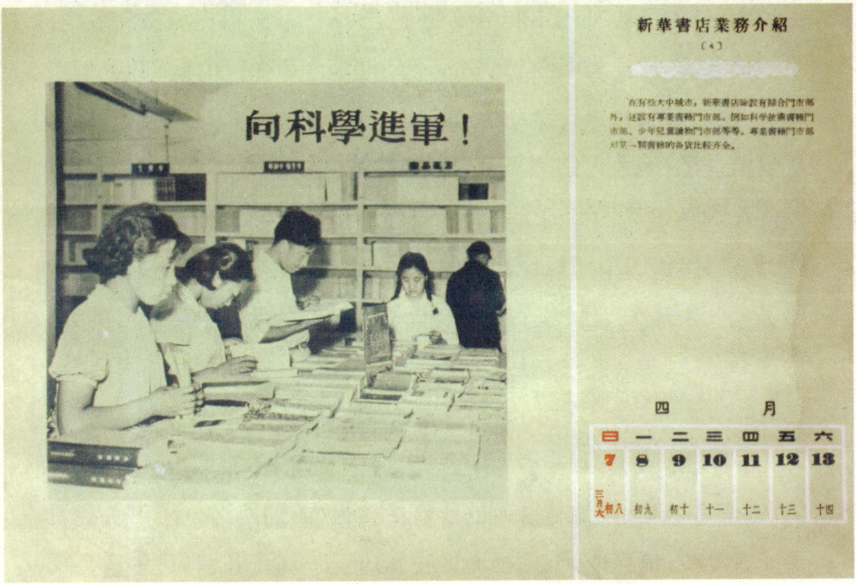

专业门市部

书,还有后来加上去的“向科学进军”的题字,表示它是一家科技类专业书籍门市部。“在有些大中城市,新华书店除设有综合门市外,还设有专业书籍门市部。例如科学技术书籍门市部,少年儿童读物门市部等等。专业书籍门市部对某一类书籍的备货比较齐全。”至于少年儿童读物门市部,相信出生在那些年代的人在童年中都有深刻的记忆——那里面出售最多的是连环画。有新书了,说不定还得排队购买。

5. 书亭。图片是一个设在公园里的书亭,看上去读者也不多。“为了便利距离门市较远的读者购买书籍,新华书店在某些较大的厂矿、农场、学校、公园和较大的文娱场所设立书亭。有的城市在读者比较集中的街道也设有书亭。”从书亭开始,新华书店的服务就更具体了。

6. 流动供应。流动供应的书摊一定是热闹的,照片里的情形也是如此。那些年,能有新华书店到学校、公园展销图书,本身就是一件热闹的事。“为了弥补门市和书亭的不足,新华书店根据城市和乡村的不同情况,选择适当书籍,定期或不定期地到机关、团体、部队、学校、工厂、企业和农村进行流动供应。”现在的流动书摊,难于见到这样的热闹情景了,因为人们购买书本以及获取知识的方式更多了。

7. 新华书店领导的公私合营书店。图片是公私合营北新书局,看得出它们出售的书还是比较有特色的,不像新华书店里的书,几乎快成了一个模式了。“私营书店现在已逐步改造为新华书店领导的公私合营书店、代销店和经销店。到这些书店买书,价格和新华书店是一样的。”

8. 书摊。图片是一个小书摊,想必能引起很多人关于书的温馨回忆,它有点杂乱,但却与普通的读者更接近,人们路过,停下来,翻看,买或者不买,都可以,不用担心像在书店里那样,请服务员多拿几次,他恨不得吃了你。“小商小贩经营的书摊现在正在逐步改造中。他们

新華書店業務介紹
〔5〕
为了便利距离門市部較远的讀者購買書籍，新華書店在某些較大的廠礦、農場、学校、公園和較大的文娛場所設立書亭。有的城市在讀者比較集中的街道也設有書亭。
書亭
四 月
日 一 二 三 四 五 六
28 29 30
三月大廿九 三十 四月小初一

书亭

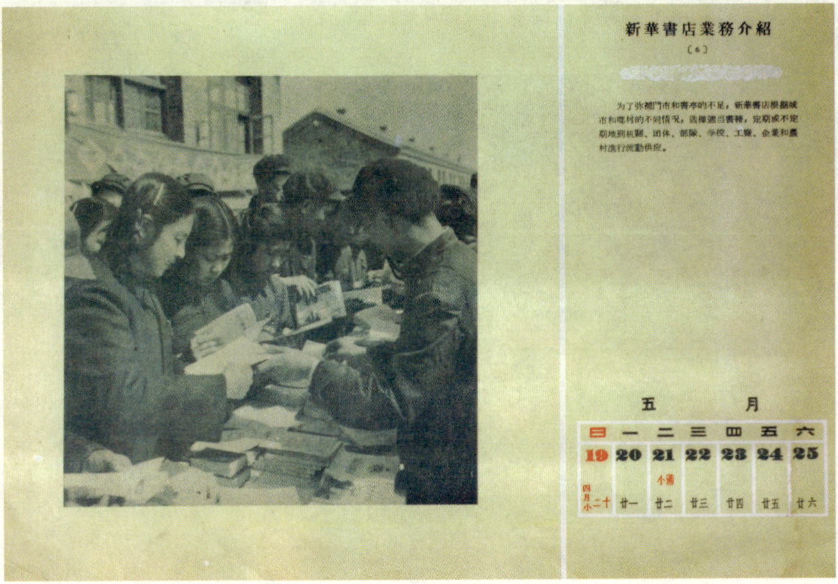
新華書店業務介紹
〔6〕
为了弥補門市和書亭的不足，新華書店根据城市和農村的不同情况，选擇適当書籍，定期或不定期地到机關、团体、部隊、学校、工廠、企業和農村進行流動供应。
五 月
日 一 二 三 四 五 六
19 20 21 22 23 24 25
小满
四月小二十 廿一 廿二 廿三 廿四 廿五 廿六

流动供应

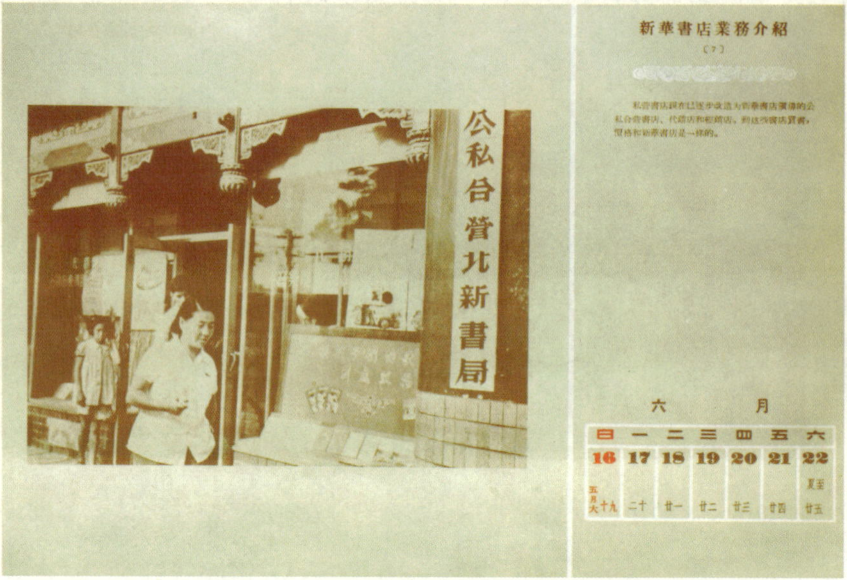
公私合營北新書局
新華書店業務介紹
〔7〕
私營書店現在已逐步改造為新華書店領導的公私合營書店、代銷店和經銷店。到這些書店買書，價格和新華書店是一樣的。
六　月
日 一 二 三 四 五 六
16 17 18 19 20 21 22
夏至
五月大 十九 二十 廿一 廿二 廿三 廿四 廿五

公私合营书店

新華書店業務介紹
〔8〕
小商小販經營的書攤現在正在逐步改造中。他們出售的書籍，價格也和新華書店是一樣的。
七　月
日 一 二 三 四 五 六
14 15 16 17 18 19 20
六月小 十七 十八 十九 二十 廿一 廿二 廿三

书摊

出售的书籍，价格也和新华书店是一样的。”

9. 缺书登记。图片反映的是一个缺书登记的情景。想必过去想寻一本合意的书也真是不容易，没有多少主动权，哪像现在，书很多，书店整天巴望着你去买。“新华书店各地门市部都设有‘缺书登记单’，凡是售缺的图书，读者需要时可在‘缺书登记单’上逐项填写。新华书店将‘缺书登记单’加以整理后，即根据读者需要进货供应，或建议出版社再版。书到以后随即通知登记的读者前来取书。”

10. 特约购书。这张广告没有具体的“情景”图片，却有一张《新华书店特约购书（前称代办）简章》，因是一张具有时代特点的广告，照录如下：

（一）为加强对读者的服务，进一步满足读者需要，便利本地读者向外地购买图书，凡本店发售而门市部尚未备货或备货不足的各种图书，均欢迎读者委托当地新华书店特约购买。

（二）为读者特约购买图书不收手续费。

（三）读者特约购买图书，须将书名、出版者、著译者、装帧、版次、数量及姓名、服务单位、地址（电话号码）、需要日期（过期不要的要加说明）、取书方式详细告之本店。

（四）读者特约购买图书，须先付全部或者半数以上书款，中途不得退订，书到后按实结付，多退少补。所需图书如购买不到，预收款退还。

（五）特约购买图书的平寄邮费、铁路运费及一般包装费由本店负担；如读者要求航空邮寄或特殊包装（木箱、麻袋等），其费用由读者担负，并预付此项费用。

（六）特约购买的图书，如需转寄别处，本店可代为转寄。代转寄的邮运费负担，按前项办法办理（如要求挂号寄者，其费用由读者负担）。代转寄的图书如遇途中失落，普通邮寄本店无法代向邮局查询；

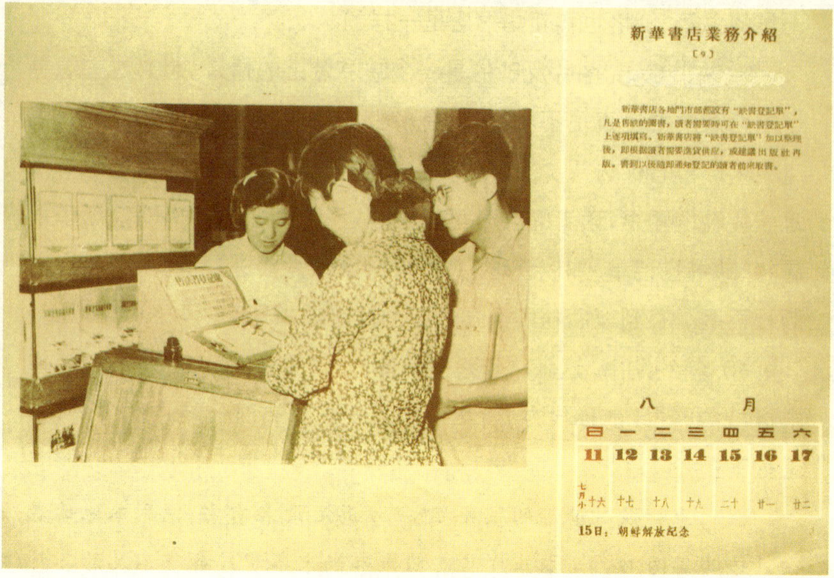

新華書店業務介紹

〔9〕

新華書店各地門市部都設有"缺書登記單"，凡是售缺的圖書，讀者需要時可在"缺書登記單"上逐項填寫。新華書店將"缺書登記單"加以整理後，即根據讀者需要洽貨供应，或建議出版社再版。書到以後隨即通知登記的讀者前来取書。

八　　月

日	一	二	三	四	五	六
11	12	13	14	15	16	17
七月小 十六	十七	十八	十九	二十	廿一	廿二

15日：朝鲜解放纪念

缺书登记

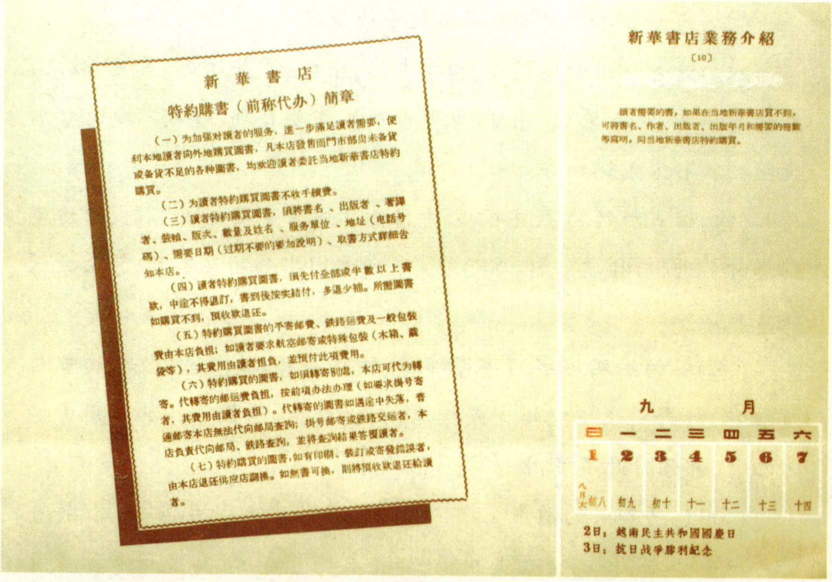

新華書店

特約購書（前称代办）簡章

（一）为加强对讀者的服务，進一步滿足讀者需要，便利本地讀者向外地購買圖書，凡本店發售門市部尚未备貨或备貨不足的各种圖書，均欢迎讀者委託当地新華書店特約購買。

（二）为讀者特約購買圖書不收手續費。

（三）讀者特約購買圖書，須將書名、出版者、著譯者、裝幀、版次、數量及姓名、服务單位、地址（电話号碼）、需要日期（过期不要的要加說明）、取書方式詳細告知本店。

（四）讀者特約購買圖書，須先付全部或半數以上書款，中途不得退訂，書到後按实結付，多退少補。所需圖書如購買不到，預收款退还。

（五）特約購買圖書的平寄邮費、鉄路运費及一般包裝費由本店負担；如讀者要求航空邮寄或特殊包裝（木箱、蔴袋等），其費用由讀者担負，並預付此項費用。

（六）特約購買的圖書，如須轉寄別處，本店可代为轉寄。代轉寄的邮运費負担，按前項办法办理（如要求掛号寄者，其費用由讀者負担）。代轉寄的圖書如遇途中失落，普通邮寄本店無法代向邮局查詢；掛号邮寄或鉄路交运者，本店負責代向邮局、鉄路查詢，並將查詢結果答覆讀者。

（七）特約購買的圖書，如有印刷、裝訂或寄發錯誤者，由本店退还供应店調換。如無書可換，則將預收款退还給讀者。

新華書店業務介紹

〔10〕

讀者需要的書，如果在当地新華書店買不到，可將書名、作者、出版者、出版年月和需要的册數等寫明，向当地新華書店特約購買。

九　　月

日	一	二	三	四	五	六
1	2	3	4	5	6	7
八月大 初八	初九	初十	十一	十二	十三	十四

2日：越南民主共和国國慶日
3日：抗日战爭勝利紀念

特约购书

挂号邮寄或铁路交运者，本店负责代向邮局、铁路查询，并将查询结果答复读者。

（七）特约购买的图书，如有印刷、装订或寄发错误者，由本店退还供应店调换。如无书可换，则将预收钱退还给读者。

11. 邮购部门。图片是新华书店邮购部门的一个工作场景，工作人员紧张地忙着，书桌上杂乱地堆着纸张书本，还有一架老式的电话机，很真实的一个场景。邮购图书也应当是一个新鲜而有意义的业务。“北京、天津、上海、沈阳、西安、广州、武汉、重庆等城市的新华书店，都设有邮购部门。读者在当地买不到自己所需要的书籍的时候，可以将需要图书的名称、出版者、著译者、册数等写信说明，并在当地银行或邮局汇寄书款（个人汇款需要邮局办理），向上述各店的邮购部门购买。”注意，当时的个人汇款只能通过邮局，再过几年，这样的事可能没人能理解了。

12. 预订。图片是《毛泽东选集》第一卷出版发售时的热闹情景。普通学生对预订的理解，可能就是课本，开学好多天了，新课本怎么还没来？“为了有计划地根据国家计划与人民的需要来出版和供应书籍，使读者的需要能够优先得到满足，新华书店对某些重要书籍采取预订的办法发行。这种办法是在书籍出版之前，新华书店就向机关、团体、学校、部队、工矿企业等有组织的读者或个人，介绍书籍的内容、定价、装帧形式和预订的办法，征求读者预订。书籍出版以后，新华书店按照读者预订的册数优先供应。预订办法分“预收款预订”和“信用预订”（即不预收书款）。”

13. 统一购买。图片是新华书店正在办理“统一购买”书籍时的工作情况。“为了配合政治、学习运动或专业系统有组织学习的大量需要，新华书店在有关学习文件出版以前或出版以后，向各机关、团体、学校、部队、厂矿、企业等单位征求按本系统需要统一购买，然后由各

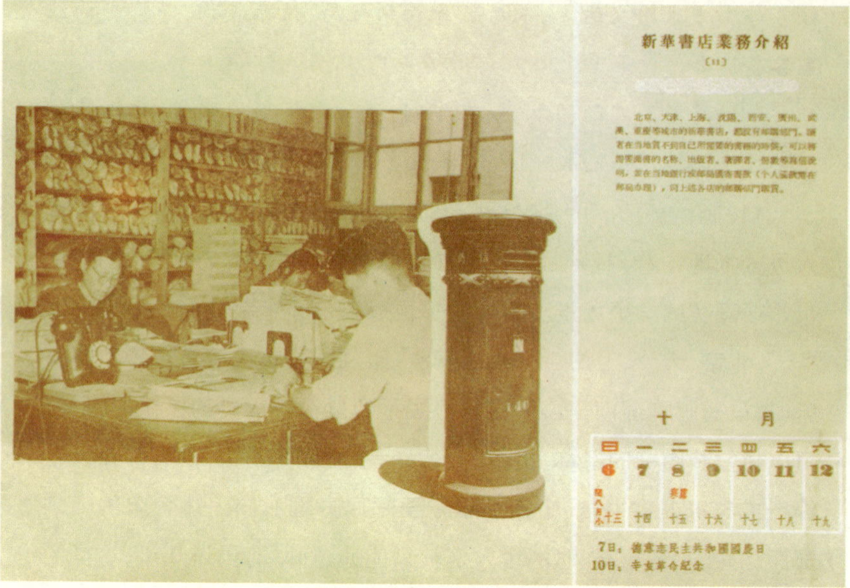
新華書店業務介紹
〔11〕
北京、天津、上海、沈阳、西安、广州、武汉、重庆等城市的新華書店，都設有郵購部門。讀者在当地買不到自己所需要的書籍的时候，可以将所需要書的名称、出版者、著譯者、价數等寫信說明，并在当地銀行或郵局匯寄書款（个人匯款可在郵局办理），向上述各店的郵購部門購買。
十　月
日 一 二 三 四 五 六
6 7 8 9 10 11 12
閏八月小 十三　十四　寒露 十五　十六　十七　十八　十九
7日：德意志民主共和國國慶日
10日：辛亥革命紀念

邮购部门

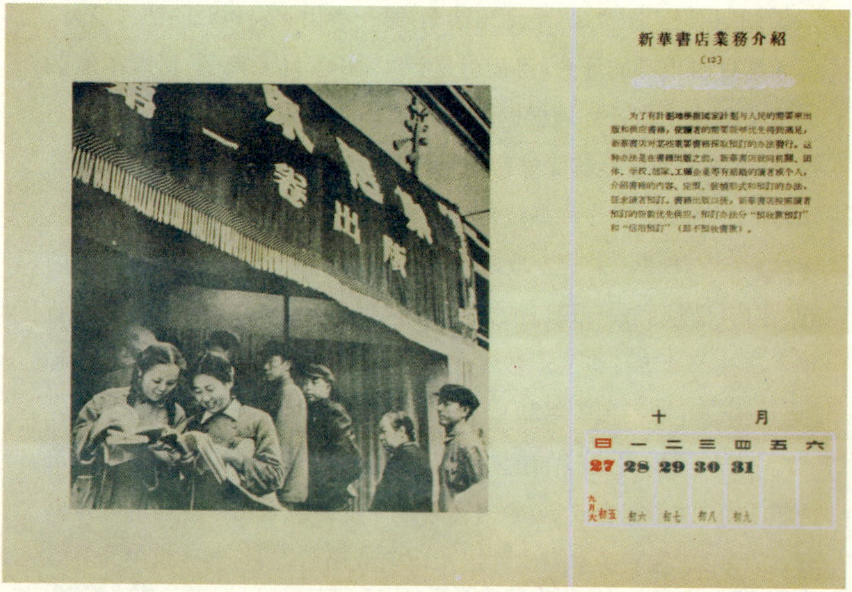
新華書店業務介紹
〔12〕
为了有計劃地按照國家計劃与人民的需要来出版和供应書籍，使讀者的需要能够优先得到滿足，新華書店对某些重要書籍採取預訂的办法發行。这种办法是在書籍出版之前，新華書店就向機關、團体、学校、部隊、工礦企業等有組織的讀者或个人，介紹書籍的內容、定價、裝幀形式和預訂的办法，征求讀者預訂。書籍出版以後，新華書店按照讀者預訂的冊數优先供应。預訂办法分"預收款預訂"和"信用預訂"（即不預收書款）。
十　月
日 一 二 三 四 五 六
27 28 29 30 31
九月大 初五　初六　初七　初八　初九

预订

新華書店業務介紹

〔13〕

为了配合政治、学習运動或革某系統有組織学習的大量需要，新華書店在有關学習文件出版以前或出版以後，向各機關、团体、学校、部隊、厂礦、企業等單位征求按本系統需要統一購買，然後由各單位将書籍發給本單位本系統的人員。这个办法的好处是保証一个單位或一个系統同時得到有組織学習所需要的文件，保証有組織学習的順利開展。

十　一　月

日	一	二	三	四	五	六
17	18	19	20	21	22	23
九月大 廿六	廿七	廿八	廿九	三十	十月小 初一	初二

17日：國际学生日

统一购买

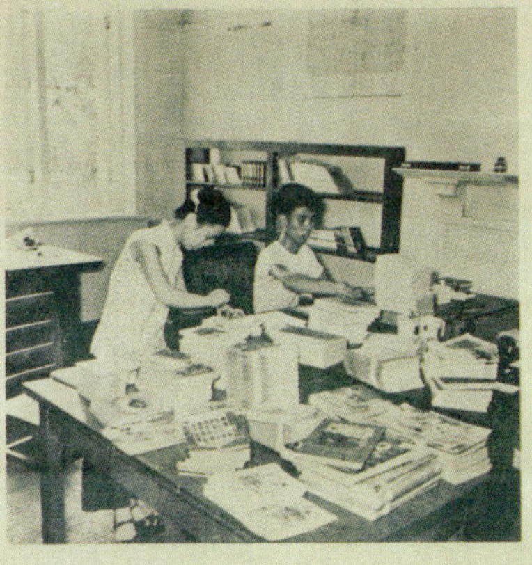

新華書店業務介紹

〔14〕

为了便利圖書館購書，大中城市的新華書店分店或支店都設有为圖書館服务的部門或專人。有固定圖書經費的圖書館，書店按照圖書館固定圖書經費与圖書館商訂圖書供应合同。

十　二　月

日	一	二	三	四	五	六
15	16	17	18	19	20	21
十月小 廿四	廿五	廿六	廿七	廿八	廿九	十二月大 初一

21日：斯大林誕辰（1879）

供应图书馆

供销社

单位将书籍发给本单位本系统的人员。这个办法的好处是保证一个单位或一个系统同时得到有组织学习所需要的文件，保证有组织学习的顺利开展。”

14. 供应图书馆。“为了便利图书馆购书，大中城市的新华书店分店或支店都设有为图书馆服务的部门或专人。有固定图书经费的图书馆，书店按照图书馆固定图书经费与图书馆商订图书供应合同。”图书馆的采购可谓轻松，由新华书店来帮助花钱就行了，因为没有别的书店可供选择。

15. 供销社。图片是一张主题广告画，不是照片，大概要拍摄这样的一张照片也不方便。图片的主体是农民在供销社里选购书籍。“为了配合国家对农业的社会主义改造和农业生产的发展，满足农村干部、广大农民和学生的迫切需要，自 1956 年开始，各地的基层供销社都增加了图书发行业务。供销社经售的图书，售价和新华书店一样。”

从这份完整的业务介绍我们可以看到，新华书店当时的业务是全面的，是能够满足人们的各种购买需求的，只要有书就好了。但实际上，在后来数十年的发展中，它们不可避免地强调了宣传和为政治服务的功能，它们对商品“书”的流通某种程度上不是以市场需求来运作的，而是以政治需要为基本出发点来运作的，这样就导致“书”在人们的意识中成了“特殊商品”。直到近些年，这种观念才慢慢有所改观。

对于新华书店的“曾经”，这份资料也许是一个小小的见证。

后记

平日耕田种地，为着生存的粮食，压力很大。晚饭后喝杯粗茶，到房前屋后的菜垄里耕作一下，既可以缓冲耕田种地带来的生存压力，也可以获得意外的收获——豌豆或者南瓜、青芋或者辣椒，都有另外的清香，都可调节生活的滋味，真不错。如果漫长的人生全被紧凑的生存压力所垄断，真是不太必要。在生存的紧凑之间，来点自我调节，来点精神上的小趣味，有张有弛，也许这样我们才更能感受到人生的意义。

图画有趣味。大的历史杜撰，小的生活细节，都会反映在里面。图画把"记录"的接力棒交给文字后，几乎就变成了"艺术"的代名词，也可以说是自恋的名词，变成了另外一种趣味。但这里所说的图片却不表现"艺术"，它们就履行简单的记录功能，用不着套着光鲜的衣裳往热闹处靠。它们在被文字垄断的历史里找点活动的空隙，从另外一个角度说着有趣的故事，重视也好，忽视也好，反正就是这样。

收集图片有趣味。对我来说，这就是耕田种地后的菜地经营，无关宏大旨意，不求繁花累果，豆角挂出来了，摘点豆角，土豆成熟了，挖点土豆，有什么或者没有什么，都不影响生存，关系不大。

田地不敢怠慢，菜园尚可留存。

菜种了，平时自己吃。有邻居或者亲朋好友到来，可以一起吃，也可以拔几棵带回去，表扬我几句也不错，这是人人都需要的温情。有通晓厨艺的，把菜炒得更好一些，让更多的人尝尝，也不错。进刚老兄就是这样的大厨，他将这些小菜认真挑选，精心烹制，炒成可心可口的菜式，对种菜的我、吃菜的读者朋友来说，都该谢谢他。

张家荣

2012年3月